中原智库丛书·青年系列

现代化进程中的
河南乡村治理研究

RESEARCH ON RURAL GOVERNANCE IN
HENAN PROVINCE
DURING THE MODERNIZATION PROCESS

李三辉 著

社会科学文献出版社
SOCIAL SCIENCES ACADEMIC PRESS (CHINA)

前　言

现代化是人类社会发展的整体变革与历史潮流，它不是简单的时间序列演进，而是动态性的空间结构优化，涉及政治、经济、社会、文化、生态等各方面的深度调整。限于历史环境、特殊国情等因素，中国在近代时期才开始探索现代化发展之路，并在初期经历了十分艰难而曲折的过程。1921年中国共产党成立后，不懈追求现代化的中国人民才找到了"主心骨"，党领导人民在正确方向上对现代化建设进行了艰辛探索，取得了历史性成就，成功走出了中国式现代化道路。中国式现代化是实现中华民族伟大复兴的根本之路。推进中国式现代化，需要有国家治理现代化来支撑，而乡村治理现代化又是国家治理现代化的重要构成与内在要求。

乡村治理是治国理政的关键领域。加强和创新乡村治理，是中国现代化进程中的一个长期连续的重要议题。历史地看，中国共产党自成立起，就十分重视"三农"工作，认识到中国革命的基本问题是农民问题，带领广大农民获得了解放，取得了革命胜利。新中国成立后，党领导组织农民恢复农业生产，开展乡村社会建设，并率先在农村拉开了改革开放大幕，解放发展了农村社会生产力，提高改善了农民生活水平，建立健全了乡村治理机制，推动了乡村治理发展与社会进步。党的十八大以来，党中央始终坚持以人民为中心的发展思想，领导广大人民全力开展了脱贫攻坚伟大斗争，启动实施了乡村振兴战略，推动乡村社会发生了历史性变革，脱贫攻坚战取得了全面胜利，乡村和美景象不断呈现，多元共治的乡村治理格局也日渐形成。显而易见，坚持解决好"三农"问题是我们党一以贯之的工作要求，而推进乡村治理和乡村建设是其中的重点工作，也是实现乡村发展全面进步的实践抓手与基本途径。新形势下，乡村振兴战略已经成为当前和今后一个时期内做好"三农"工作的总抓手，城乡融合发展成为农业农村现代化的主基调，而构建现代乡村治理体制、推进乡村治理现代化亦成为推进乡村全面振兴的当务之急。

新时代新征程，着眼于实现乡村全面振兴，以农业农村现代化推进中国式现代化建设，党和国家高度重视乡村治理工作，出台了一系列纲领性政策文件以助推乡村治理水平提升，夯实国家治理根基。2017年，《中共中央 国务院关于加强和完善城乡社区治理的意见》提出，要全面提升城乡社区治理法治化、科学化、精细化水平和组织化程度，促进城乡社区治理体系和治理能力现代化。2018年，《中共中央 国务院关于实施乡村振兴战略的意见》强调，要加强农村基层基础工作，坚持自治、法治、德治相结合，构建乡村治理新体系。2019年，中共中央办公厅、国务院办公厅印发《关于加强和改进乡村治理的指导意见》，提出要坚持把夯实基层基础作为固本之策，建立健全党委领导、政府负责、社会协同、公众参与、法治保障、科技支撑的现代乡村社会治理体制，健全党组织领导的自治、法治、德治相结合的乡村治理体系，构建共建共治共享的社会治理格局。到2020年，现代乡村治理的制度框架和政策体系基本形成；到 2035 年，乡村治理体系和治理能力基本实现现代化。2019 年，中共中央办公厅、国务院办公厅印发的《数字乡村发展战略纲要》强调，要着力发挥信息化在推进乡村治理体系和治理能力现代化中的基础支撑作用，构建乡村数字治理新体系。2021 年，《中共中央　国务院关于加强基层治理体系和治理能力现代化建设的意见》提出，要健全党组织领导的自治、法治、德治相结合的城乡基层治理体系，提高基层治理社会化、法治化、智能化、专业化水平。2021 年，《"十四五"国家信息化规划》指出，要构筑共建共治共享的数字社会治理体系。2022 年，中央网信办等 10 部门印发《数字乡村发展行动计划（2022～2025 年）》，进一步强调要开展数字治理能力提升行动，提高乡村数字化治理效能，到 2025 年，乡村数字化治理体系日趋完善。不难发现，伴随着时代变迁和乡村社会发展阶段跃进，我国的乡村治理体制、乡村治理体系、乡村治理方式等，一直处在变革调整之中，乡村治理紧随乡村发展实践深化、乡村社会现代化发展而不断走向现代化。

河南作为一个具有悠久历史的农业大省和农村人口规模庞大的人口大省，乡村治理在河南的现代化发展进程中一直处在重要位置，乡村治理有效不仅是群众安居乐业、人民生活幸福美好的基本前提，也是社会主义现代化建设的基础支撑。新时代以来，河南乡村的经济社会发展取得了显著成就，人民群众对美好生活的需求也随着社会发展水平的提升而日益多样，乡村治理的内涵与外延跟随实践在拓展，这也就给现代化河南建设中的乡村治理效果和效能提出了全新的要求。2021 年，《河南省国民经济和社会发展第十四个五年规划和 2035 年远景目标纲要》提出了 2035 年远景目标，即基本建成"四个强省、一个高地、一个家园"的社会主义现代化河南，其中，"一个家园"就是幸福美好家园。2021 年

10月，河南省第十一次党代会提出了"确保高质量建设现代化河南、确保高水平实现现代化河南"的奋进目标，明确部署了要推进治理体系和治理能力现代化，加快建设更高水平的平安河南。事实上，无论是奋进"两个确保"目标，还是推进幸福美好家园建设，都必须始终把加快乡村建设和创新乡村治理摆在现代化河南建设的重要位置，以乡村安定有序助推高水平平安河南建设，以乡村建设发展推进河南高水平社会建设，以乡村治理有效夯实乡村全面振兴的运行基础，从而为经济社会高质量发展、人民群众幸福安康、现代化河南建设创造良好的社会环境。从实践上看，河南始终重视乡村治理工作，围绕健全乡村治理体制、完善乡村治理体系、构筑多元共治治理格局等方面进行了积极探索，推动了"三治结合"走向了"四治融合"，涌现了一些乡村治理创新模式和有益经验案例，提升了乡村治理效率和水平，维护了乡村秩序稳定。不过，对照乡村治理现代化的目标要求，河南的乡村治理在理念跟进时代发展的革新上，在治理运行体系的健全完善上，在治理方法手段的创新统合上，在协同共治的拓展深度上，还存在一些不足，需要在乡村治理实践深化中予以调整改进。

本质上讲，乡村治理不单是一个管理性的概念，更多的是一个实践性的命题。乡村治理所内含的治理技术、治理方式、治理体系等元素，都具有较强的实践指向，既作用于实践来产生效能以彰显价值，又植根于实践发展而变革调整以适应时代变迁。值得注意的是，随着信息技术的飞速发展，尤其是以数字化为代表的新兴技术的不断革新，数字时代已经全面来临且在加速演进。新时代新征程，现代化河南建设推进的发展背景是数字化变革日益深化的时代，推进新形势下乡村社会建设的结构基础是数字社会的加速演进，需要持续推进乡村治理变革，更新乡村治理体系。现代乡村治理离不开科技支撑，以数字化为代表的信息技术嵌入治理实践，不仅形塑了现代治理模式，也有力带动了治理方式创新和效能提升。做好数字时代河南的乡村治理，一个很重要的方面就是，推动乡村治理数字化转型、实现数字化乡村治理。应当看到，构建数字化社会治理体系，要防范陷入过度的"技术"偏好，其核心指向是实现治理有效，不断推进乡村治理体系和治理能力现代化。新形势下，加强和创新乡村治理，提升乡村治理现代化水平，要以数字思维和数字化转型驱动理念变革，构建数字时代乡村治理现代化制度；坚持党建引领现代乡村治理变革，强化多元主体协作，形成多方参与、系统融合、数据融通的治理新模式，以共建共治共享打造乡村治理共同体；着力发挥数字化在推进乡村治理现代化中的支撑作用，通过"自治、法治、德治、数治"的有机融合，构建灵敏高效的现代乡村治理体系。

目　录

第一章
河南乡村治理的历史与实践

　　乡村治理是基层社会治理的关键领域，也是治国理政的重要内容。在我国社会悠久的历史发展进程中，乡村地区无论是在农耕文明时期，还是在现代文明阶段，都是基层社会的重要组成部分，也就是说，乡村治理始终是国家治理的基础。现代化是人类社会追求发展进阶的过程，我国社会的发展阶段也经历了传统社会向现代社会的转型，且仍在继续演进。在不同的社会发展阶段，由于所处历史环境和具体实践条件的不同，乡村治理模式也随时代变迁而不断演化。河南作为一个具有悠久历史的农业大省和农村人口规模庞大的人口大省，乡村治理在河南的现代化发展进程中一直处在重要位置，关乎乡村振兴、幸福美好家园建设和现代化河南建设全局。加强和创新乡村治理是现代化河南建设的题中之义，也是河南乡村社会发展和治理实践不断深化的内在要求。历史地看，不管是传统乡土社会，还是近现代以来的乡村社会加速转型，抑或是城乡社会，河南的乡村治理创新从未间断，乡村治理实践一直随社会历史条件变化而深化发展，采用何种治理机制体系、治理方式方法来不断推进乡村治理创新、实现乡村治理有效，始终是乡村社会发展阶段跃进的核心议题，也贯穿现代化河南建设的历史发展进程。

第一节 河南乡村治理的历史演变

从社会形态和社会结构的角度看，河南乡村社会经历了传统封建社会、新民主主义革命、社会主义新社会、社会主义现代化建设、中国特色社会主义新时代等重大历史阶段，其间的乡村治理体制也从统治管控到集中管理，最后走向了治理。在实施乡村全面振兴和推进现代化河南建设的大背景下，梳理回顾河南乡村治理的发展实践，总结分析具有河南特色的乡村治理模式和有益经验，对于正确认识河南当前和今后一个时期乡村社会治理的基本形势与时代任务，推进河南乡村治理现代化与乡村振兴具有重要意义。

一 传统乡土社会的"乡村自治"

在漫长的封建社会，河南的乡村一直是传统的乡土社会，而乡村多是远离权力中心的存在。封建社会统治者虽然十分重视承载着纳粮、赋税、兵役等功能的乡村，但限于治理能力范围和技术成本，传统乡村社会总体上维持着相对自治的状态，统治者的权力触角大多数是止步于县这一级。这也就是后人广为流传的"皇权不下县"的说法，传统乡村社会的治理方式属于"乡绅自治"，而"自治"也构成了现代化进程中乡村治理创新发展的最原始因素和历史基因。关于传统乡村社会的基本性质与形态，费孝通先生结合长期研究思考给出了权威性的总结，即"从基层上看去，中国社会是乡土性的"[①]，而乡土中国的解释也得到了广泛认可。在传统乡村社

---

① 费孝通：《乡土中国 生育制度》，北京大学出版社，1998。

会治理的运行模式上，费孝通先生也给出了"双轨政治"的解释，他认为以"乡绅自治"为特征的地方基层自治权威和以"皇权"为核心的国家集权，构成了传统乡村治理运转的权力与权威来源，进而推动了乡村社会事务治理和日常生活运转。在著名学者秦晖看来，传统乡村社会的确是集合了经济、政治、文化等各个层面内容的自治共同体，其将传统社会的乡村治理模式系统概括为"国权不下县，县下惟宗族，宗族皆自治，自治靠伦理，伦理造乡绅"①。对于河南而言，传统乡村社会也自古就有"皇权不下县"的传统，"具有上下分治超稳定的治理结构"②；传统乡村社会秩序维持沿用着"乡里制度"，实行着"乡绅治村"的基本模式。不难发现，河南传统乡村社会的治理秩序主要是由士绅和家族来承担，他们凭借在名望、财富、能力等方面的优势，管理着乡村社会，行使着社会自治权力。

在民国时期，虽然封建帝制被彻底推翻，西方各种发展思潮在近代以来不断影响中国革命与发展，但对较为封闭的乡村社会的影响力十分有限，彼时的河南乡村大多还保持比较传统的自然村落形态与运转状态。1928年，国民政府推行了区村（乡）间邻制，把乡镇（村）作为区下单位，5户为邻，25户为间，间邻在乡镇（村）指导下实行村民自治。后来，出于强化政权控制，又推行"训政"体制，乡村社会又施行了"保甲制"。从实践上看，此时的河南乡村治理处于自治与保甲制的徘徊纠结状态，而乡村自治依旧是底色，宗族礼法、乡绅、伦理规约等都是乡村社会治理的重要力量。不过，应当看到，无论是封建社会下的自治，还是国民党治下的自治，其实质上都是统治者为了政权建设和利益维护所进行的乡村控制方式，并不是为了实现真正的村民自治。

---

① 李三辉：《自治、法治、德治：乡村治理体系构建的三重维度》，《中共郑州市委党校学报》2018年第4期。
② 金观涛：《中国现代思想史的起源》，法律出版社，2011。

二 新民主主义革命时期的"政权下乡"

回顾中国社会的发展历史,中国共产党的成立具有里程碑意义,带领中国人民找到了正确的革命发展道路。由于中国革命的特殊性和发展实际,中国共产党自成立起就与乡村密切联系,十分重视农民问题和乡村建设工作,探索出了农村包围城市、武装夺取政权的正确革命道路。在这一时期,中国乡村治理工作发生了深刻变化,党开始肩负起乡村治理与乡村发展建设的领导责任。具体到河南的乡村建设与乡村治理,党领导广大农民先后开展了土地革命、乡村基层政权建设等一系列实践运动,既在一定程度上回应了广大农民的土地诉求,也激发和调动了农民群体参与党领导的根据地建设和走革命路线的积极性,推动了中国革命的发展进程。在抗日战争时期,随着党在河南的革命根据地不断扩大,其对河南乡村的治理实践也不断扩展,革命根据地下的乡村逐渐完善了"三三制"政权建设,"减租减息"、大生产运动等乡村治理政策也得到逐步实施。在解放战争时期,随着我们党的工作路线和政策方针实践经验的成熟,土地改革彻底推行到了"耕者有其田"的程度。在这一时期,河南解放区内的乡村基层政权建设越来越规范,乡(村)人民代表会议逐步建立,形成了新民主主义性质的区域性乡村治理体制。[①] 总体上来看,新民主主义革命时期的河南农村建设与乡村治理,主要得益于中国共产党领导下的革命建设,以土地革命、乡村民主政权建设为代表的乡村治理实践,不仅解放了生产力,促进了河南农村生产发展,也凝聚了人心,增强了革命力量,河南乡村治理实践与全国革命进程互促共进。

---

① 李三辉:《中国共产党领导乡村治理的发展历程与实践经验》,《江苏第二师范学院学报》2023 年第 5 期。

三 社会主义革命和建设时期的"政社合一"

新中国的成立，开辟了我国历史的新纪元，中国全面步入了社会主义新社会。在新中国建立初期，河南乡村在经历了长时间的战火纷争后，一切都百废待兴，亟须恢复农业生产，解决民众基本生活和巩固社会秩序稳定。从当时的乡村治理实践看，党领导河南广大农民进一步推进了土地改革以推动农业农村生产，并依据各地实际情况，减免或取消了一些农业税费。20世纪50年代，河南的广大乡村地区普遍建立了人民代表大会制度，乡镇在基层政权建设中的地位被予以了法律确认。随后，河南按照党中央要求又积极进行了社会主义改造运动，农业互助小组、初高级农业合作社的形式不断涌现，"一村一社"在河南农村大地遍地铺开。在此背景下，乡村发展的"合作社"体制基本上替代了乡镇建制，履行着推进乡村社会建设和乡村社会治理的职责功能。

四 改革开放和社会主义现代化建设新时期的"乡政村治"

众所周知，我国改革开放的序幕是从农村地区拉开的，生产经营方式的变革带动了农村经济体制改革，以家庭承包经营为基础、统分结合的经营体制取代了集体统一生产和经营。20世纪80年代，村民委员会被创立且写入了1982年修订颁布的《宪法》里，明确了"村民委员会是基层群众自治性组织"。也正是在这一时期，河南以家庭联产承包责任制为核心的经济体制改革不断推进，颠覆性重构了河南乡村生产发展模式、乡村生活关系格局，也为乡村基层组织建设恢复、乡镇政权重构和乡村治理模式变革提供了基础。从实践上看，在改革开放初期，河南贯彻落实党中央有关精神和结合本地实际，以全新的生产经营方式替代了集体统一生产和经营，扎实推进了以农村党支部为核心的基层党组织建设，积极推动了乡镇政权重构工作，推行了村民委员会工作机制，从而在乡镇行政管理和村民自治机制中间不断形成发展了"乡政村治"治理模式。20世纪90年代以来，伴随着改革开放和社会主义现代化建设的不断加速，河南广大乡村的"乡政村治"实践不断深化，且在此治理模式下呈现了生产发展恢复、生活水平提高、社会秩序稳定的良好局面。为了更好地推进乡村建设发展，回应新形势下的乡村治理问题，河南省委省政府结合实际大力推行了农村税费改革，推进了社会主义新农村建设，不仅减轻了农民负担，促进了农村经济增长，缩减了城乡差距，还强化了乡村公共服务建设，推进了人居环境改善，为乡村治理结构优化和乡村治理实践深化构建了坚实基础。也正是在这一时期，河南创造性地形成了"三级联创""四议两公开"（4+2工作法）等工作机制，以基层党组织建设提质、治理方式方法创新，有力推动了河南乡村社会建设和治理水平迈上新台阶。总体上看，党组织领导下的"乡政村治"模式，有力解放了农村生产力，河南积极开展了许多卓有成效的"村民自治"实践创新，深刻影响了河南乡村民主政治建设、社会关系结构，推进了群众自治范围的探索扩展、城乡社区共同体建设、政府居民间的良性互动，为新时代河南推进乡村治理现代化创造了实践基础。

五 中国特色社会主义新时代的多种治理模式

党的十八大以来，中国特色社会主义步入了新时代，乡村社会建设和乡村治理发展也面临着新形势新情况。特别是党的十九大报告提出乡村振兴战略之后，新时代的乡村治理和发展有了明确的标定性航向，河南的乡村社会建设和治理实践也锚定了推进农业农村现代化、实现乡全面振兴的远景目标。从河南乡村治理的具体实践看，河南省委省政府始终将做好"三农"工作列为大事要事，认真贯彻落实党中央决策部署，持续加强和创新乡村治理，并围绕健全完善城乡社会治理体系、构筑基层社会治理新格局，出台了一系列政策支撑文件和具体实施意见，如《省委政法委、省综治委关于完善基层矛盾纠纷预防化解机制的指导意见》《中共河南省委 河南省人民政府关于推进乡村振兴战略的实施意见》《河南省乡村振兴战略规划（2018～2022年)》《中共河南省委 河南省人民政府关于加强和完善城乡社区治理的实施意见》《关于加强法治乡村建设的实施意见》《河南省乡村振兴促进条例》等。这些政策文件不仅为新时代河南乡村发展和乡村治理提供了政策依据，也为建立健全现代乡村社会治理体制明确了方向，即要"建立起党组织统一领导、政府依法履责、各类组织积极协同、群众广泛参与，自治、法治、德治相结合的乡村治理体系"。从河南省内的乡村治理创新实践看，"党建+"的脱贫攻坚治理模式、"1+3+1"乡村治理体系、"党建+三治"的乡村治理机制、"五步工作法"等治理模式，在省内各地不断涌现，极大地推动了河南乡村治理实践的深化拓展和乡村社会治理效能的提升，也助推了共建共治共享乡村治理格局的构建。总体上看，这个时期的河南乡村治理主体结构是多元化的，其中，党的领导是乡村治理实践的领导核心，政府、自治组织、村民、社会组织等是协同共建的参与主体；河南乡村治理方式方法是多样化的，党建引领是对治理实践正确方向的把握，自治、法治、德治、数治是时代变迁下的基本治理方式。换言之，党组织领导下的共建共治共享的乡村治理格局已基本形成。①

---

① 李三辉：《中国共产党领导乡村治理的发展历程与实践经验》，《江苏第二师范学院学报》2023年第5期。

第二节　河南创新乡村治理的实践经验

回望河南乡村治理发展的悠久历史，河南乡村发展取得显著成就，乡村社会建设获得显著进步，乡村民众生活水平明显提高，都是在中国共产党领导后的百余年间才发生的。得益于中国共产党的正确领导，河南乡村社会发展突破了长期的停滞，基层政权架构、村民自治组织、乡村治理体系、乡村公共服务等建设，获得了前所未有的发展，乡村发展活力、乡村生活秩序、乡村精神风貌都呈现了前所未有的良好局面。因此，梳理总结河南加强和创新乡村治理的基本经验，我们也主要聚焦党领导下的乡村治理实践发展，考察分析河南乡村治理现代化的推进之路。从实践上看，着眼于现代化河南建设大局，河南在加强和创新乡村治理上未曾停止过革新提升，围绕"以人民为中心做好乡村建设""建立健全乡村治理体制""加强和创新乡村治理体系""打造共建共治共享乡村治理格局"等方面进行了实践探索，积极从意识理念、机制体系、多元协同、方式方法等层面系统提升乡村治理效能，涌现了一些乡村治理创新模式，形成了一定的治理实践经验。

一　坚持党的全面领导，不断增强党组织的乡村治理引领力

党的二十大报告深刻指出，坚持中国共产党领导是中国式现代化的本质要求，坚持和加强党的全面领导是新时代新征程必须坚持的重大原则。透过中国共产党领导的河南乡村治理百年实践变迁与发展成就，其成功的促成因素虽有多种，但最核心的秘诀在于有中国共产党的正确领导，在于农村基层党组织建设的不断强化。从河南乡村治理百余年的发

展历程看，不论是革命年代语境下的党的组织建设，还是推行改革开放前摸索的乡村基层党组织建设，抑或是改革开放后的党组织建设创新，重视党组织建设都是各个历史时期推进乡村治理的重要抓手。[①] 因为农村基层党组织是党在农村地区开展治理实践的基础载体，其肩负着贯彻落实党的路线方针的重大使命，进而将党的治国方略和政策在乡村治理场域内生根发芽，不断推进乡村治理和乡村社会建设日益发展。长期以来，河南始终坚持和加强党对经济社会发展事业各领域各环节的领导，强化党组织对社会治理的全面系统领导，不断推进党委领导下的社会治理体制变革。从实践上看，河南省委省政府先后就加强和完善城乡社区治理、城乡社区协商、乡镇政府服务能力建设、基层治理体系和治理能力现代化等工作出台文件，一以贯之地深入贯彻党的领导，始终强调发挥党组织领导核心作用，以党的统一领导来推进社会治理体系健全完善，并基本形成了党组织领导、政府依法主导、各方力量共同参与的治理机制，既提高了党的执政能力，又真正确保了社会治理方向正确、合力汇聚、效能提升。特别是在做好农村工作和推进乡村治理方面，无论是河南省委历年的一号文件，还是河南省出台的《关于推进乡村振兴战略的实施意见》《河南省乡村振兴战略规划（2018～2022年）》《河南省"十四五"乡村振兴和农业农村现代化规划》等文件，都一再明确要加强党对"三农"工作的领导，坚持大抓基层基础、强化党对农村基层治理的领导，以党组织领导下的现代乡村治理体制，保障乡村振兴和农业农村现代化的实现。不难理解，为更好地护航河南社会治理新征程实践，党的领导和党的建设需一如既往地坚持且加强，不断强化各级党组织的领

---

① 李三辉：《中国共产党领导乡村治理的发展历程与实践经验》，《江苏第二师范学院学报》2023年第5期。

导力，健全党组织领导下的治理体系。①

二　践行人民至上理念，不断提升乡村建设的民生幸福成色

让人民生活幸福是"国之大者"。2012 年 11 月 15 日，习近平总书记面对中外记者，以"人民对美好生活的向往，就是我们的奋斗目标"宣示了新时代答卷的终极追求。党的十九大在科学分析社会主要矛盾及其变化的基础上，提出了"人民日益增长的美好生活需要和不平衡不充分的发展之间的矛盾"是我国新时代的社会主要矛盾。② 这些历史性变化进一步明确了治国理政的核心要义与价值方向，也为推进新时代乡村治理找到了着力点、落脚点，坚定了以人民为中心是加强和创新乡村治理的根本遵循，也标定了乡村治理为了谁、依靠谁、谁评判的根本问题。

长期以来，河南省坚持贯彻"人民至上"理念，坚定践行以人民为中心的发展思想，推动人口大省民生持续改善，全省广大乡村社会建设与社会治理成效显著。在贫困治理方面，河南全省牢记习近平总书记"让人民过上好日子"的殷殷嘱托，积极主动全力打好精准脱贫攻坚战，通过坚持精准扶贫、精准脱贫基本方略，使得拥有 53 个贫困县的贫困人口大省，在 2020 年实现了贫困县全部摘帽、建档立卡贫困人口全部脱贫，③ 河南的脱贫攻坚取得了历史性成就，也为全国贫困治理事业作出了河南贡献。在民生社会事业发展方面，河南坚持发展为了人民、发展成果由人民共享，聚焦群众急愁难盼问题发力施策，以发展经济与政府

---

① 李三辉：《将党的建设贯穿乡村治理全过程》，《学习时报》2021 年 9 月 10 日。

② 习近平：《决胜全面建成小康社会　夺取新时代中国特色社会主义伟大胜利——在中国共产党第十九次全国代表大会上的报告》，《人民日报》2017 年 10 月 18 日。

③ 《牢记嘱托谱新章　中原出彩铸辉煌——党的十八大以来河南省经济社会发展成就综述》，河南省人民政府网，https：//www.henan.gov.cn/2022/10-13/2623289.html。

促进推动高质量就业，抓实抓好就业供需两端；以城乡基础教育均衡发展为重点，推进全省农村义务教育优质均衡发展，提促教育公平；以做好"一老一小一青壮"工作全周期守护民众生活，着力做好农村健康养老服务发展和人口老龄化应对工作，推动农村社会保障扩面提标。在推进乡村治理现代化方面，河南坚持高标准创建"零上访零事故零案件"平安单位（村、社区）活动，以扎实开展社会综合治理高质量推进平安河南建设，以深入推进"四治融合"基层治理体系建设不断提升城乡社会治理效能。总体来看，河南的乡村治理实践牢记为人民服务的宗旨，贯彻群众路线和人民评判导向，持续推进乡村社会建设行动，紧抓人民群众最关心最直接最现实的收入、教育、医疗健康、养老保障等问题，以乡村治理创新推进人民群众需求的不断满足，使发展成果更多更公平惠及全体人民，带领人民创造美好生活。

三 持续推进治理机制变革，不断健全完善乡村治理体系

伴随着时代变迁，河南乡村的经济社会结构、社会关系格局、文化发展环境等，无时无刻不在发生改变，这些因素的动态调整也使得乡村治理实践一直处在演化当中。一直以来，制度政策的制定通常都会滞后于实践发展，政策体系的健全也多是随实践深化而完善的。面对河南乡村发展环境的动迁和治理实践的推进，传统的乡村治理体制和治理体系难以完全应对新形势下的河南乡村发展问题，亟须与时俱进地创新乡村治理机制，推进乡村社会发展。为此，河南省委省政府客观分析当前乡村治理的基本形势与问题，围绕"人口规模庞大下的城乡人口流动频繁""数字社会发展下的乡村社会治理体系建设"等问题，深入开展了乡村治理体制与机制改革，使得乡村治理领域的重要基础性制度不断健

全，使得乡村治理体系更加适应新形势经济社会发展的要求。从河南乡村治理体系的优化调整上看，河南不断更新现代治理理念，从自上而下的乡村管制到乡村社会管理，再到加强和创新乡村治理，河南乡村治理模式经历了"松散自治—计划管理—改革放权—三治结合"等阶段，塑就了日渐增强的治理方式合力，助推形成了当今乡村秩序稳定、民众生活幸福的良好局面。① 同时，河南坚持大抓基层大抓支部鲜明导向，推进"三治结合"走向"四治融合"，以"五星支部"建设强化基层基础建设，推动了城乡社会治理体制的日益完善。新时代新征程，推进乡村全面振兴，提升乡村治理现代化水平，必须跟随时代形势变迁接续推进乡村治理体制改革，以更加优化匹配的乡村治理体系、更加精准高效的治理方式，展现乡村治理成效。

四　坚定走向协同共治，构筑共建共治共享乡村治理格局

历史地看，河南乡村治理主体结构一直处在变动调整之中，传统乡土社会是以自治力量为主体，新中国成立初期主要是国家统一管理下的政府权力主体，改革开放以来是政府、村民、社会力量等多元主体参与逐渐兴起。尤其是党的十八大以来，河南的乡村治理无论是在治理理念还是在治理体制机制上，都发生了深刻变化。《中共中央关于全面深化改革若干重大问题的决定》提出，要创新社会治理体制，改进社会治理方式，鼓励和支持社会各方面参与。党的十九大报告鲜明提出，要打造共建共治共享的社会治理格局，完善党委领导、政府负责、社会协同、公众参与、法治保障的社会治理体制。中共中央办公厅、国务院办公厅

---

① 李三辉：《中国共产党领导乡村治理的发展历程与实践经验》，《江苏第二师范学院学报》2023 年第 5 期。

《关于加强和改进乡村治理的指导意见》提出，要建立健全党委领导、政府负责、社会协同、公众参与、法治保障、科技支撑的现代乡村社会治理体制，构建共建共治共享的社会治理格局。一直以来，河南都认真贯彻落实党中央决策部署，大力践行"共建、共治、共享"治理理念，综合运用系统治理、依法治理、综合治理、源头治理等手段，不断推进河南乡村治理制度建设和治理方式创新，完善现代乡村治理体系。从实践上看，河南各地在党组织统一领导下大力推进了"多元共治"的社会治理模式，治理主体架构基本形成了"一核多元"；在治理方法上，省内各地结合实际运用自上而下与自下而上相结合、线上与线下相结合的统合手段，促进了自治法治德治数治的紧密融合。在社会治理专业化与社会化提升上，河南省高度重视社会组织的发展，不断拓展社会力量参与社会治理的机制体系、渠道途径和运行效度，同时，省内各地在政府购买社会服务方面都出台了系列举措办法，推动了政府、市场、社会职能的厘清，积极培育了各类合作社、协会以及其他社会组织。走好新征程中的乡村治理之路，河南必须要持续加强和改进社会治理，确立多元协同的治理理念，以善治的根本共识为基础，在党的坚强领导下不断健全社会治理体制，让政府、社会、市场、个体等主体各司其职、各尽其责，广泛汇聚社会力量参与乡村治理。

第三节 乡村治理：现代化河南建设的重要议题

乡村建设是党和人民的重要事业，乡村治理是基层社会治理的关键领域，是社会主义现代化建设的基础支撑。事实上，乡村建设发展的背后基础是治理有序有效，乡村治理良性运行也提促现代化乡村建设进程。

考究现代化河南建设实践的不同历史阶段，"乡村治理"始终是一个无可回避的重大议题，其所涉及的农村发展、民生改善、秩序稳定、文化传承等领域，都与社会大局稳定、幸福美好家园建设和经济社会高质量发展密切相关。

一 创新乡村治理是推进河南高水平社会建设的题中之义

乡村治理有效和平安有序，是群众安居乐业的基本前提，关系民生事业发展与民生福祉，关联现代化河南建设全局。习近平总书记曾深刻指出："创新社会治理，要以最广大人民根本利益为根本坐标，从人民群众最关心最直接最现实的利益问题入手。"① 这就要求我们从实现"人民群众对美好生活的向往"的根本旨归来看待"加强和创新乡村治理"，更进一步说是从切实保障和改善民生着手，来做好乡村治理工作，提升乡村振兴中的民生质量与水平，不断增强人民群众的获得感、幸福感、安全感。着眼于此，《河南省国民经济和社会发展第十四个五年规划和2035 年远景目标纲要》明确了"一个家园"② 的建设目标。可以说，"幸福美好家园"标定了现代化河南社会建设的价值追求和目的导向，是人民群众获得感、幸福感与安全感的集中体现。然而，幸福美好家园不会凭空出现或轻易而成，它涉及社会大系统内的各个方面，其中社会治理的成效如何是一个关键因素，因为幸福美好家园的建成和运行必定是植根于良好的治理基础之上。社会治理的有效运转是政令通畅、民生增进、社会稳定、和谐有序的基本前提，而这些都是幸福美好家园的基本元素，也是促成幸福美好家园实现的有益因子。换言之，加强和创新

① 曾峻：《社会治理现代化水平大幅提升》，《人民日报》2022 年 7 月 15 日。
② 《河南省国民经济和社会发展第十四个五年规划和 2035 年远景目标纲要》，河南省人民政府网，https://www.henan.gov.cn/2021/04-13/2124914.html。

乡村治理，既是建设幸福美好家园的基础，也是推进河南高水平社会建设的内在要求。因此，新形势下，河南要持续加强和改进社会治理，尤其要在推进乡村治理现代化上下大力气，解决治理过程中所存在的一些突出问题，持续调整乡村治理体制机制，优化乡村治理体系，改进乡村治理方式，把更优化的治理模式、更有效的治理方法、更有力的治理手段，运用到维护人民群众的合法权益、兜牢民生基本保障、满足人民对高品质生活的期待上，从而以乡村治理体系优化与运转有效来推动乡村社会事务管理，在创新乡村治理和民生保障改善中推进乡村社会建设，促进美好社会发展。新时代新征程，奋力推进现代化河南建设伟大事业，必须加强和创新乡村社会治理，下更大精力与力气推进河南高水平社会建设，从而以广大人民群众民生福祉的日益增进、生活品质的日渐跃升、美好生活需要的不断满足，充分展现现代化河南建设的终极价值意义与行动指向。

二　创新乡村治理是推动更高水平平安河南建设的重要支撑

安全是发展的最基本前提，没有稳定的发展环境，就谈不上经济社会良性运行，更迎不来百姓安居乐业与地区繁荣发展。乡村地区在河南域内占据较大比例，乡村秩序稳固是全省社会大局安定的基础，也是河南经济社会健康发展的先决条件。长期以来，河南都高度重视乡村治理工作，将构建和谐乡村当作平安河南建设的一个主攻方向。一方面，河南省围绕打击农村地区的违法犯罪、维护乡村社会治安、调处基层矛盾纠纷等现实难题与紧迫问题，下大力气推进了司法体制改革、法治乡村建设；另一方面，积极推进社会管理体制和治理机制建设，不断健全城乡社会治理制度与运行体系，推动社会治理模式和方式创新，完善社会治理平台建设与优化，为平安河南建设夯实制度体系基础。具体来看，在优化乡村治理体系方面，河南跟随时代变化不断调整乡村治理机制，推动了自治法治德治"三治结合"走向了自治法治德治数治"四治融合"，更好地健全完善了乡村治理运行体系，提升了乡村治理效率和水平，维护了乡村社会秩序稳定。在防范化解基层矛盾纠纷风险方面，河南持续扎实开展"零上访零事故零案件"平安单位（村、社区）创建活动，不间断开展"平安守护"专项行动，创造性地践行和发展新时代"枫桥经验"，持续融合网格化管理、强化志愿服务、构建智治平台等一系列基层社会治理新手段，通过良法、公序良俗、文明创建等方式守正义、促善治，极大地提升了基层社会治理成效与平安"成色"，最大限度地将各类风险和矛盾问题防范在源头、化解在基层，有力地推动了平安河南建设。毋庸置疑，无论是开展社会治安综合治理、公共安全治理，还是抓好基层社会矛盾风险防范、推进网络综合治理体系建设、提升乡村治理现代化，都是更高水平推进平安河南建设的基本内容和工作方向，也是进一步加强和改进乡村治理的着力点。新时代新征程，奋力推进现代化河南建设伟大事业，必须加强和创新乡村治理，以乡村治理有效助推更高水平的平安河南建设，进而以发展安全与安全发展格局保障社会主义现代化河南建设大局。

三　创新乡村治理是提促河南经济社会高质量发展的基础条件

党的二十大报告明确指出，"发展是党执政兴国的第一要务""高质量发展是全面建设社会主义现代化国家的首要任务"。[①] 历史已经证明，

---

① 习近平：《高举中国特色社会主义伟大旗帜　为全面建设社会主义现代化国家而团结奋斗——在中国共产党第二十次全国代表大会上的报告》，《人民日报》2022 年 10 月 26 日。

发展是解决我国一切问题的基础与关键，发展作为第一要务也是新时代新征程必须坚持的重大原则问题。对于河南省而言，坚持高质量发展也是河南"十四五"乃至更长时间经济社会发展的主线，是解决河南所面临的各类社会现实问题、风险矛盾的主渠道，更是推进河南发展跨越提质、实现现代化河南建设目标的基础路径。聚焦现代化河南建设与河南经济社会高质量发展，从某种程度上来说，加强和创新乡村治理不仅是现代化河南建设的基本内容、重要手段，更是河南经济社会高质量发展的运行基础、现代化河南建设的前提支撑。因为乡村治理成色如何，直接左右河南广大农村地区的乡村振兴实现，也深刻影响河南经济社会发展的整体层次与水平。一段时间以来，河南坚持党全面领导乡村社会治理，通过持续加强乡村治理体制改革，在治理实践中广泛凝聚各方治理力量参与社会事务管理，基本建立和形成了"党组织统一领导、政府依法履责、各类组织积极协同、群众广泛参与"的治理力量格局，健全完善了自治、法治、德治相结合的城乡基层治理体系。同时，在数字社会治理实践中扩展了"数治"，发展了党组织引领下的"自治、法治、德治、数治"相融合的治理体系，增进了"政府—市场—社会—居民"之间的良性互动关系，极大地推动了社会治理体系和治理能力现代化，提高了社会治理的社会化、法治化、智能化、专业化水平，有力支撑了经济社会高质量发展的实践运行。新时代新征程，奋力推进现代化河南建设伟大事业，必须加强和创新乡村治理，从而以健全完善的乡村治理制度、合理优化的治理体系、协同共治的乡村治理模式、精准有效的治理方式，不断推进乡村治理现代化与乡村全面振兴，筑牢河南经济社会高质量发展的根基与治理基础。

第二章
党的领导与乡村治理

党的执政根基在基层，实现乡村治理有效离不开党的坚强领导。时至今日，中国共产党领导下的乡村治理实践已走过了百余年波澜壮阔的发展历程，取得了历史性成就，乡村社会发展与乡村治理实现了历史性跃进。鉴于中国革命道路与时代环境的特殊性，中国共产党自成立之日起就认识到农民问题、乡村建设在中国革命进程中的显著地位，并借由解决农民土地问题、强化乡村基层组织建设、改善乡村社会关系，为中国革命取得胜利凝聚了重要力量，夯实了基层基础。在这一过程中，党也通过建立乡村民主政权、完善乡村治理机制、健全乡村治理体系等一系列改革举措，解放了农村生产力，优化了乡村社会结构，实现了乡村生产发展、民众生活改善、乡村秩序和谐的良好局面。中国共产党领导的百年乡村治理发展表明，党建引领乡村治理既是中国特色社会主义制度具有独特优势的力证，也是制度优势转化为治理能效的事实展现。可以说，历史实践一再证明，办好中国的事情，关键在党，在于有党组织的坚强领导。当前，现代化河南建设正在加速迈步，基层党建和乡村治理都面临着一系列新形势、新挑战，必须把加强基层党的建设、巩固党的执政基础作为贯穿乡村治理的一条主线，持续推动党建引领乡村治理创新，以党的建设保障和引领乡村治理，不断夯实现代化河南建设的基层基础。

第一节　党建引领河南乡村治理的应然逻辑

"乡村治"关乎"天下安"。乡村治理是国家治理的重要内容，也是中国共产党开展治国理政实践活动中的一个关键领域。纵观我国不同历史时期的治国方略，加强和改进乡村治理，一直都是基层社会治理的重点，是国家治理实践中的一项极为重要的工作安排。回望中国共产党带领中国人民走过的百余年光辉历程，紧抓农村社会发展、推进乡村治理，始终是重大议题。自新中国成立以来，无论是新中国成立初期的农业农村恢复，改革开放的大幕从农村拉开，还是新时期的乡村建设推进，新时代乡村振兴谋划，"三农"工作在党和国家建设大局中的中心位置一直未曾改变，党领导下的乡村建设和乡村治理实践始终处在日益深化发展当中。事实上，从 2004 年到 2024 年，连续 21 年中央一号文件的主题都是"三农"，农村在社会主义现代化建设中的地位愈发重要。可以说，党中央始终高度重视乡村治理工作，尤其是党的十八大以来，推进乡村治理创新更是被摆在了突出的战略位置。习近平总书记多次强调，要坚持用大历史观来看待"三农"工作，坚持党对基层治理的全面领导，不断强化基层党组织职能，以党的建设贯穿基层治理、保障基层治理、引领基层治理。从实践上看，在党的坚强领导下，乡村社会治理制度不断完善，乡村治理体系日益健全，乡村社会发展活力不断迸发，民众安居乐业景象持续显现，进一步夯实了党的执政根基，彰显了制度优势和治理效能。这也从侧面反映了，"中国之治"的实现关键在党，坚持党的领导是中国特色社会主义最本质的特征，也是中国特色社会主义建设事业始终取得胜利的根本保证。因此，党的二十大报告明确了中国式现代化的本质要求，其中一条就是坚持"中国共产党领导"，[①] 可以说，坚持和加强党的全面领导是新时代新征程必须坚持的重大原则，只有在党的坚强领导下才能推动乡村治理实践不断发展完善，不断取得新成绩，保持正确的前进方向。

当前，社会主义现代化河南建设新征程正在加速推进，河南正在锚定"两个确保"，全力推进社会主义现代化建设伟大事业，反映到社会领域就是建设高水平社会、创造高品质生活，而其助推主渠道无疑就是不断提升基层社会治理效能，尤其是不断实现乡村善治。因为无论是从乡村区域的广阔性，还是从农村人口规模的庞大性上来看，乡村在河南城乡社会尤其是基层社会中都占据着较大比重，其治理成效、发展程度、秩序走向都深刻影响着河南基层社会发展稳定和现代化河南建设全局。换言之，乡村社会的背后是广大人民群众，乡村治理最贴近基层民生，其成效如何直接影响民众生活质量，是河南经济社会高质量发展的运行支撑。而农村基层党组织又是党在乡村全部工作和战斗力的基础，肩负着领导广大村民群众不断开创乡村治理新实践的重要使命，必须把党的领导贯穿乡村治理全域，使乡村治理始终沿着正确的方向健康发展。[②] 新时代新征程，河南农村基层党建、乡村治理与乡村社会建设都面临着一系列新形势新情况，无论是乡村振兴战略、国家治理现代化与农业农村现代化，还是幸福美好家园建设、现代化河南建设，都给河南乡村治

---

① 习近平：《高举中国特色社会主义伟大旗帜　为全面建设社会主义现代化国家而团结奋斗——在中国共产党第二十次全国代表大会上的报告》，《人民日报》2022 年 10 月 26 日。

② 李三辉：《将党的建设贯穿乡村治理全过程》，《学习时报》2021 年 9 月 10 日。

理提出了更高的发展要求与目标任务。同时，当代河南乡村治理实践也面临着新挑战、新难题，如何切实提升乡村治理效能、推进乡村社会建设、实现乡村全面振兴，是必须直面并回答的重大现实课题。应当看到，实现乡村治理有效、社会运行有序，不仅关系基层社会治理现代化和高水平社会建设，也关乎幸福美好家园建设、高品质生活与乡村振兴战略目标实现。在全面建设现代化河南和推进基层治理现代化的背景下，推动实现乡村治理有效，运行于经济社会发展实践中的乡村治理制度体系、治理方式手段、治理模式方法等，都需要适时依据乡村社会发展形势变化做出调整，加快构建起与现代化河南建设进程相协调的乡村治理机制。其中，最为重要的是必须把加强党的领导摆在首位，不断健全党组织领导下的乡村治理体系，切实以党的建设发展带动乡村治理实践深化拓展。

第二节 河南推进党建引领乡村治理的实践探索

长期以来，河南省委省政府都十分重视基层党组织建设工作，始终将坚持和加强党的领导作为做好社会治理工作的首要原则，致力于以党的高质量建设推进经济社会高质量发展。近年来，河南各地在推动社会治理重心向基层下移方面做了不少工作，积极深化了乡村社会治理实践，形成了一些有益的治理样本，"一中心四平台"治理模式、"党建+一中心+两基础+四治并进"治理探索、以"五星"支部创建引领乡村治理实践等是其中的典型代表。

一 开封："一中心四平台"治理模式

2018年以来，开封市主动适应社会结构的新变化和城市治理的新需求，把加强基层党的建设作为贯穿基层治理的一条主线，在全市强力推进"一中心四平台"建设，逐步探索出了"互联网+基层治理"新模式，推动社会治理工作重心不断下移，促进了基层社会治理和服务群众水平的提升。具体来看，开封市突出党建引领，将全市各个领域的基层党员作为一个整体来抓，构建了党建引领基层治理的"1+7"制度体系，为开展"一中心四平台"建设提供了重要的制度遵循。同时，持续加强"一中心四平台"建设，依托"智慧开封"大数据平台建强市、县（区）、乡镇（街道）三级综合指挥中心，以"四个平台"（社会治安、市场监管、综合执法、便民服务）为依托，统筹优化各类公共服务资源以服务人民群众生活。① 从运行效果看，开展"一中心四平台"建设有力促进了全域网格无缝覆盖，强化了基层工作队伍建设；借助网格化、数字化优势提升了基层治理效能水平；推进了群众关切的"八需八难"民生问题解决，增进了民众幸福感获得感，维护了社会和谐稳定。

二 洛阳："党建+一中心+两基础+四治并进"治理探索

2020 年以来，为有效推动社会治理现代化试点工作开展，洛阳市始终坚持把"社会治理现代化工作"融入全市经济社会发展大局，成立了高规格工作小组以强化组织领导，推动社会治理实践难题破解，创造性地形成了"党建+一中心+两基础+四治并进"的社会治理运行模式，②在强化基层党建、激发社会活力、化解基层矛盾等方面取得了良好的治理效果。具体来看，此模式注重强化党组织建设以夯实基层基础，推行了"基层党建+"工作模式，发展形成了"社区党组织+网格党支部+楼

---

① 《"一中心四平台"：创新基层现代社会治理的开封答卷》，河南省人民政府网，https：//www.henan.gov.cn/2020/12-02/1917129.html。
② 《创新社会治理 建设平安洛阳》，《河南日报》2021 年 5 月 31 日。

栋党小组+党员中心户"的党组织覆盖体系,以高质量党建聚民心、引治理。以综治中心融合社会治理指挥中心、矛盾调处化解中心、社会心理服务中心,将其打造成为推进社会治理的核心平台载体,并以城乡社区(村)网格为基础形成了全市"一张网"统管的社会治理体系,构建了"综治中心+网格化"五级穿透服务管理模式。结合时代发展和本地实际,实施了"党建引领、'四治'并进、服务进村(社区)"行动,以"网格化+信息化"为基础,推进了"自治、法治、德治、智治"治理方式融合,有效提升了治理合力与效度。

三 新乡:以"五星"支部创建引领乡村治理实践

2022 年 4 月,河南省委下发了《关于创建"五星"支部引领乡村治理的指导意见》,新乡市积极响应落实部署要求,扎实推进"五星"支部创建以提升基层社会治理,接续抓好基层治理现代化这项基础性工作。具体来看,新乡市围绕基层社会治理各方面任务,聚焦"产业兴旺、生态宜居、平安法治、文明幸福、支部过硬"5 个方面,细化出了 121 项任务清单,各地结合实际明确了创建目标、问题短板、改进措施等,确保实现"三星"支部全覆盖、"四星"支部连成片、"五星"支部不断涌现。[①] 同时,充分发挥"党建+大数据+全科网格"体系作用,探索实行了"逐村观摩、逐星推进""先进带动、支部联建""三级联动、乡村一体"的工作机制。[②] 从工作成效上来看,"五星"支部创建活动推动了党

---

① 新乡市委组织部课题组:《新乡市抓"五星"支部创建引领基层治理的实践与探索》,《河南日报》2022 年 11 月 9 日。

② 《新乡市 62 个村(社区)成功创建"五星"支部》,河南省人民政府网,https://www.henan.gov.cn/2023/02-24/2695755.html。

建工作与治理工作的融合互促，推进了软弱涣散党支部的整顿，增强了基层党组织的组织凝聚力和治理领导力，成为新形势下加强基层党建的重要抓手。同时，以大党建理念为支撑的"五星"支部创建，健全完善了以党组织为核心的多层次基层治理体系，推动了各方社会力量与社会资源汇入基层治理实践，探索出了党建引领基层治理、推动乡村振兴的有效路径。

综合来看，通过分析开封市"一中心四平台"治理模式、洛阳市"党建+一中心+两基础+四治并进"治理探索、新乡市"五星"支部创建实践，我们能从中得到一些做好乡村治理工作的规律性认识，也能找寻出进一步推进党建引领乡村治理创新的有益启示。

一是要坚持和加强党的领导，强化党支部建设以筑牢乡村治理的组织基础，增强农村基层党组织的号召力、凝聚力、战斗力，发挥基层党建在乡村社会治理体系中的统领和核心作用。

二是推动"四治融合"并进深入，协调好"四治"间的关系，以自治为基础，着力提升村民的治理主体地位，扩大基层议事民主，完善村民自治运行机制；强化法律权威和法治精神，不断增强防范化解矛盾纠纷的能力，提升乡村法治化水平；注重以德治村，完善乡规民约，发扬乡贤文化，营造向上向善的乡村文化氛围；充分运用互联网等信息技术手段，开展"数字化+社会治理"，打通信息孤岛，提高公共服务效度，提升乡村治理精细化与精准化。

三是提升为民服务水平和质量。以为民解困、人民满意为工作目标，不断加强农村基层服务设施建设，提升乡村社会公共服务水平，调动党员干部和群众志愿者为民服务的热情和活力，在提升服务水平中增强居民群众的认同感和满意度。

第三节　河南推进党建引领乡村治理
面临的现实难题

从河南近年来的治理实践看，许多地方都在夯实社会治理基层基础上下了很大力气，在基层党组织的社会治理定位上做了分析探索，剖析了存在的问题和解决对策，形成了一些党建引领乡村治理的典型模式。但也必须清醒地看到，当前党建引领乡村社会治理工作依然存在不少问题，还有很大的改善空间。分析来看，新形势下的党建引领乡村社会治理创新，在理念、体制、能力等方面都面临着一定的制约障碍，需要给予足够的重视。[①]

一　党建引领乡村治理实践的思想认识不到位

思想导引行动。推进党建引领乡村治理实践，首先要分清党的建设和乡村治理二者间的内在关系，避开思维误区，正确认识党建在乡村治理实践中的地位与作用，从而更好地推动实践发展。

第一，对党建引领乡村治理认识浅显、重视不够。开展治国理政、做好社会治理是每一个执政党的职能职责，也是维系政权和社会安定的核心要求，这就决定了党在中国特色社会主义伟大事业中的职能定位，决定着党在乡村治理创新中的领导地位和引领角色。然而，结合一些地方实践操作看，有些基层党组织和治理主体在治理理念更新上存在"堕距"，对社会治理中的党建引领缺乏正确的认识，延存着一些思想误区。比如，没有深刻领悟"抓好党建就是最大政绩"背后的重大意义，没有

---

① 陈东辉：《基层党建引领社会治理创新的探索与路径》，《理论与改革》2019 年第 3 期。

从全局视野看清基层党建在治国理政中的战略定位。对如何做好基层党建研究不深入，仍然存在将党建看作"虚功"、非主业的现象，没有从政治上去把握夯实执政基础、维护社会安定、保障服务人民的党建指向，[①] 出现了就党建而党建的应付现象，不利于发挥党建引领乡村治理创新的作用。

第二，对现代化治理理念的树立意识不够。当前，国家治理的时空境遇已发生重大结构性变革，乡村治理的基础环境也发生了深刻变化，但个别地方的党委政府仍习惯性地用管控的思维方式看待社会治理，不能从治理理念及机制上做出变革，在为民服务、公共事务治理上依然过于依靠行政资源下沉来发展社会事业、防控社会风险、维护社会秩序，不仅压制社会自治、削弱公众参与，而且带来管理成本增加、政策效率持续性不足。此类压服、驾驭和实用主义的"搞定"思维方式与新时代乡村治理现代化要求格格不入。

第三，对党建引导乡村治理的政治意识欠缺。一些地方对党建在社会治理中的位置摆放上摇摆不定甚至走入严重误区，有的是泾渭分明地开展党组织建设和社会治理实践，看不到二者的融通关系，有的是将党建引领过度化为包揽一切，带来了党和社会关系的异化，没有充分发挥党组织凝聚各类社会力量参与乡村治理的引领和组织作用，没有理解好党组织总揽全局与协调各方的定位。

二 基层党建和乡村治理有机融合不够

从一些地方的治理实践看，党建工作虽然被提到了突出位置，党组

---

① 李三辉、曹梦：《现代化治理格局下健全乡村治理体系的逻辑与推进思路——基于河南省的实践审视》，《乡村科技》2022 年第 14 期。

织的规范建设程度日渐提高，但在一定程度上依然存在党建和治理"两张皮"的现象，党组织在社会运行中的统筹作用没有真正发挥，悬浮化状态的党建很难真正融入乡村治理全域，加剧了基层党建工作的形式主义风险，[①] 而脱节于治理实践的基层党建最终只能获得形式上的效果，根本谈不上党建引领乡村治理，更难以推进基层社会治理创新，必须对基层党建工作与社会治理的有机融合问题给予足够重视。

第一，基层党建存在"碎片化"和与社会治理脱节的问题。调研中发现，不少地方基层党组织对自身定位尤其是在社会治理中的角色认识不清，认为社会管理主要是靠政府力量，党建工作只是进行组织建设，并不过多推动社会治理。这是典型的对党建工作的狭隘认识，不能适应新时代社会形势变化和治理环境要求，造成了社会治理中基层党组织的"虚化"和"弱化"现象，致使党组织政治引领社会治理的功用发挥大打折扣。

第二，党建活动与社会治理需求接续不足。组织开展社会活动是党建推进社会治理、提升社会治理效果的重要方式。然而，从各地党建活动的开展内容和实践操作看，党建活动内容围绕社会事务的聚焦度或深入社会治理内在的层次并不高，并没有与当地社会治理需求做好衔接，更多的是在社会公益、志愿服务、文化宣传等方面着力，而围绕民生建设、矛盾消解、社会治安等方面的问题关注不够，在协调各方治理主体参与社会治理上的效度还有很大的提升空间，凝聚多元主体打造共建共治共享社会治理格局的党建引领作用还需进一步强化。

第三，个别党员干部为民宗旨意识薄弱。一些基层党员干部并不能

---

① 李三辉、曹梦：《现代化治理格局下健全乡村治理体系的逻辑与推进思路——基于河南省的实践审视》，《乡村科技》2022 年第 14 期。

贴合最大限度地满足人民群众的美好生活需求去转变工作方式、提升工作能力，产生了民主意识淡薄、倾听群众诉求不到位的不良现象，在一定程度上加剧了基层社会矛盾，伤害了干群关系。近年来，在基层党员队伍中还出现了一种不好的现象，中青年党员干部参与基层事务治理的积极性普遍不高，反而是退休党员或老党员们的参与度较高、发挥的作用较明显。这些现象都反映了基层一些党员干部思想素质不高，不能发挥模范带头作用，工作能力有待提高，基层干部队伍结构有待完善。

三 农村基层党组织建设薄弱制约乡村治理作用发挥

加强和创新乡村治理，必须坚持和完善党的领导，不断强化党建引领乡村治理的巨大效应，基层党组织建设在领导力度上是巨大的，在动员组织力上是强劲的，在民心聚力上是广泛的，只有如此才能保证基层党组织发挥战斗堡垒作用。然而一段时间以来，基层党组织的建设质量和水平还处在薄弱环节，具体表现在处于核心地位的党组织领导弱化，党组织建设和党员管理不规范，为民服务意识和能力不足，党员带头作用发挥不突出等问题。

第一，乡村治理中存在体制机制不顺、人员配备不足、经费场所受限等软肋，新时代社区党组织所承担的管理责任和工作任务越来越多，但其权力职能并不配套。

第二，基层社区承载的行政事务越来越繁杂，应以服务群众为主的社区党组织却很难同群众打成一片，出现了"先唯上、后唯民，多唯上、少唯民"的现象，甚至民众都不知道谁是党组织书记，社区管理和服务中的"行政化"倾向需要给予一定的关注。

第三，党组织和党员管理不规范问题突出。一些地方对在册党员、流动党员底数了解不清，对流动党员的管理和服务不到位。

第四，党员作用发挥不明显。松散的党组织建设和党员管理不规范，很难较好地凝聚党员力量，不利于培育形成意识正确、精神向上、能力突出的党员队伍。同时，以老党员、老干部为代表的"五老"队伍在乡村治理、矛盾纠纷调解、文化建设等方面的力量发挥上还可大力挖掘，缺少对不同年龄结构党员作用发挥的整合力、组织力。

四　党建引领乡村治理工作机制有待优化

现阶段，我国经济社会结构和社会治理基础已发生深刻变迁，以前的社会治理机制越来越难以应对开放性、多元化、信息化的社会形势，[①]如何加强和创新乡村治理成为现代化社会治理中绕不开的重要议题。

第一，要强化以党建为引领的乡村治理机制，解决好农村基层党组织引领作用不足的问题。着眼于完善提升乡村治理的组织体系建设，首要任务是把农村基层党组织建强，当前党建工作在机制设计上还不够完善，尤其是对近年来不断壮大的"两新"组织的党建工作设计还很欠缺。党组织领导下的社会事务管理仍然存在政府包办的行为模式，而基层政府权责不统一的问题也依然在延续，公众和社会力量参与社会治理的渠道仍未通畅便捷，共建共治共享治理格局打造中的公众参与机制仍需不断健全。

第二，要厘清党组织领导下的各治理主体的职责定位问题。从一些地方的社会治理实践看，有些地方各治理主体之间的边界定位、权责分工非常模糊混乱。村级党建与村组治理没有达到有机衔接、良性互动，

---

① 李三辉：《乡村治理现代化：基本内涵、发展困境与推进路径》，《中州学刊》2021 年第 3 期。

村组行政职能过重，职能定位、资源配置与承担的事务、职责不相匹配，其他非必要职能承担过多的对应面势必是主要职能精力压缩或效果大打折扣，而当前乡村治理这一重要职能的行使就面临此种制约限制境遇。

此外，一些村级党组织近年来在组织动员力和社会凝聚力上普遍呈现下滑态势，社会治理共同体早已消解亟待建立，因为缺乏强烈的集体文化认同和社会共同体意识的乡村是散化的居住空间，不是共建共享的生活世界，也无益于乡村治理实践推进。

第四节　持续推进党建引领乡村治理效能提升

农村是国家长治久安的根基，乡村治理是国家治理的基石。一直以来，如何切实加强和推进基层社会治理创新，都是党和国家的重点工作。新形势下，无论是开展基层社会治理实操行动，还是标定治理实践方向，坚持党的领导都是最关键环节，而将党的领导贯穿乡村治理全过程，也是实现乡村发展有序和社会稳定和谐的根本保障。

一　党建引领基层社会治理的研究进展

基层社会治理尤其是乡村治理问题，一直是学术界关注的焦点议题。基于中国国情和中国特色社会主义建设实践，国内学者又十分重视"基层党建"与"社会治理创新"的研究，特别是党的十八大以来，党建引领社会治理创新日益成为新形势下中国社会治理研究的热点方向。近年来，伴随着城乡基层社会的深刻变迁和社会治理实践的不断推进，党建引领基层社会治理研究也与时代同频共振，逐步深入并聚焦以下几个方面。

第一，探讨基层党建在基层社会治理中的重要性与功能。许多学者都认为，强化基层社会治理中的党建引领是完善城乡基层社会治理结构、健全基层社会治理体系的重要途径，也关乎党和国家大政方针的落实、民众利益的维护、社会安定的巩固，[①] 基层党建在社会治理中发挥着重要的政治功能、组织协调功能与社会功能。[②]

第二，关注党建引领基层社会治理面临的现实问题。有些学者表示，当前基层党组织的社会治理功能发挥存在着一些制约和限制，基层党组织建设的"碎片化"现象突出，有"虚化"、"弱化"甚至"边缘化"的风险；[③] 基层社会治理实践中存在党建"功能引领"体现不足、党组织有效覆盖不够等明显短板[④]，面临着基层社会治理中多元主体参与受限、党组织提促民众内生动力不足、共治方式方法创新尚待提升等问题。[⑤]

第三，考察党建引领基层社会治理的典型案例。基于我国不同地区的基层社会治理实践，不少学者对各具特色的党建引领基层社会治理的实践样本进行了归纳分析，并形成了一些规律性的认识。如要从组织、内涵、价值、路径等方面来推进党建引领社会治理实践的上海经验，[⑥] 从强化党组织自身建设、服务社区公共生活需要、革新治理方式等方面促进基层党建与基层社会治理融合互动的湖北实践，[⑦] 以党建引领来打

---

① 张力文、赵冰瑶：《党建引领基层社会治理体系和治理能力现代化路径研究》，《区域治理》2020 年第 2 期。

② 薛小荣、陆旸：《多元社会治理中的基层党建：角色、功能与效能》，《学习论坛》2015 年第 8 期。

③ 易丹妮：《基层党组织决不能弱化虚化边缘化》，《人民论坛》2019 年第 11 期。

④ 杨晓晖：《以党建引领城市基层社会治理创新探析》，《攀登》2019 年第 5 期。

⑤ 邹东升：《党建引领基层社会治理：探索、短板与完善》，《国家治理》2019 年第 38 期。

⑥ 严霞云：《关于党建引领上海社会治理的思考》，《上海党史与党建》2020 年第 3 期。

⑦ 张娅：《党建引领基层社会治理的逻辑、现状及优化路径——以湖北省为例》，《湖北行政学院学报》2019 年第 3 期。

造环境、化解矛盾、共治共享，使群众"心齐"的重庆市北碚区社会治理创新探索，① 北京市平谷区基层党建引领社会治理创新"支部吹哨、党员报到"的实践经验。②

第四，推进党建引领基层社会治理的思路举措。在提升党建引领基层社会治理的对策方面，许多学者都表示要持续加强党对基层社会治理的全面引领；③ 深化党建与基层社会治理的融合，不断创新基层社会治理方式和方法，进一步优化"三社联动"等工作机制，探索协商共治、共识达成的有效路径；④ 不断强化基层党组织建设，提高党组织的领导力、组织力、号召力，实现党建由"组织引领"向"功能引领"的转变。⑤

不难发现，既有研究对党建引领基层社会治理的意义、实践探索、现实问题和推进路径都进行了广泛探讨，这对笔者启发很大，也给我们思考河南如何接续推进党建引领乡村治理提供了经验借鉴和理论支撑。不过，由于国内不同区域、不同省份的经济社会发展环境和治理基础不尽相同，而且不同区位、不同类型农村本身的发展定位和发展路径也存在较大差异，探讨河南提升党建引领乡村治理效能的实践路径，必须认清乡村治理工作的普遍性规律与特殊性现实，在植根河南乡村发展实际上深化党建引领基层治理实践。

---

① 袁锋：《党建引领基层社会治理的实践与探索——以重庆市北碚区龙凤桥街道龙凤社区实践为例》，《重庆行政》2019 年第 4 期。
② 张玉宝：《"支部吹哨、党员报到"——北京市平谷区基层党建引领社会治理创新的实践经验》，《中国领导科学》2018 年第 3 期。
③ 孙涛：《新时代城市基层党建引领社会治理创新路径探析》，《新疆大学学报》（哲学·人文社会科学版）2018 年第 4 期。
④ 韩冬雪、李浩：《复合制结构："联合党建"与"三社联动"科学对接》，《理论探索》2017 年第 5 期。
⑤ 吴新叶：《党建引领基层社会治理的新趋势及其应对》，《国家治理》2017 年第 33 期。

二 河南推进党建引领乡村治理的优化路径

结合中国共产党乡村治理百年实践历程看,乡村治理实践丰富、模式多元、方式多样,但都意在加强和改进乡村治理并在时代条件下发挥出治理的效能。在推进现代化河南建设和基层治理现代化的背景下,推动实现乡村治理有效,必须坚持把党的领导摆在首位,不断强化农村基层党组织建设,以党建引领保障乡村社会发展。具体来说,有以下几个方面的基础性工作需要在推进新时代党建引领乡村治理实践中着重做好。

(一)不断提升农村基层党组织的社会治理领导力①

毋庸置疑,中国共产党是中国特色社会主义伟大事业的领导核心,党的领导也是中国特色社会主义制度的最大优势和最鲜明特性。考察和分析中国共产党乡村社会治理百年实践可以发现,组织建设引领是我国乡村社会治理成功的重要法宝,是稳定推进乡村社会治理创新、有序推进社会治理行动的坚实保障。推进新时代乡村社会治理实践,需要不断加强基层党组织建设,并保持其在乡村社会治理中的领导核心地位,以党建引领促进乡村社会治理各项工作的有序开展,真正将党的领导贯穿乡村社会治理的全过程和各领域,以高质量党建为龙头去助推乡村社会治理现代化。尤其是要抓好基层党组织政治领导功能的发挥,为乡村社会治理的推进方向正确做好切实护航,从根本上保障乡村治理稳定有序。

第一,要切实增进基层党组织的政治领导力。基层党组织连接着党和群众,肩负着社会治理的重大使命,必须从人民宗旨、巩固党的执政

---

① 本部分内容参见李三辉《不断推动党建引领乡村治理效能提升》,大河网,https://theory.dahe.cn/2022/08-24/1084628.html。

基础的高度来理解党建引领基层社会治理。一方面，要突出党组织的政治功能，切实宣传阐释好、贯彻落实好党的路线方针，做好汇聚民意民心、增强社会认同的政治工作，从而守牢基层社会治理的根本方向；另一方面，要从政治大局考量基层社会治理实践，用政治慧眼来把握民意诉求、社会形势发展、治理问题变化，找准社会治理多元主体的利益"最大公约数"。

第二，要不断强化基层党组织的组织领导力。强大的组织力是中国共产党的一个鲜明特征，也是党不断发展壮大、永葆活力和战斗力的基础能力。正是得益于强大的组织力，党能够最大范围地组织和动员群众投身中国特色社会主义伟大事业，将组织优势成功转化为力量优势，组织和带领中国人民取得了伟大成就。推进新时代乡村社会治理实践，需要继续以提升组织力为重点，发挥党组织凝聚各方力量共促治理的效能。具体到实践操作，要进一步强化村级党组织在乡村社会治理体系中的统筹核心地位，深化党组织领导下的村民自治实践，不断创新乡村自治形式和方法，规范引导各类社会组织的培育发展，不断优化社会力量参与乡村社会治理的工作机制，拓展社会力量参与公共事务治理的渠道，不断提升党组织凝聚各方主体力量的共治效能。

第三，要不断强化基层党组织的行动引领力。基层党组织要持续加强党的理论知识学习，夯实党建理论功底，用自身行动来贯彻落实党的路线方针政策，影响广大群众树牢政治方向。要始终践行以人民为中心的发展理念，不断强化宗旨意识，教育引导广大干部切实为基层群众谋幸福、纾民困，不断提高基层党组织的政治担当和行动影响力。

（二）健全完善党组织领导的乡村治理体系

推进社会治理创新的一个很重要的层面和渠道就是，不断加强社会治理方式方法的革新和改善，因为不管何时何地开展社会治理活动，总要依赖恰当的治理体系来推动社会治理运行，凭借治理技术、治理方式的运用来助推社会治理效果呈现。加强和改进乡村治理，需要不断完善社会治理制度机制以逐步促进治理体系效能的提高。从我国乡村治理的操作实际看，乡村社会治理机制是在党建领导下运转的，一方面，要坚守党组织作为领导核心的组织架构设计，做好强化基层党组织建设的各项工作；另一方面，要不断增强基层党组织协调全局的效力，完善基层党组织对群众组织、自治组织和社会组织的引领机制。推进新形势下的河南乡村治理工作，要从优化治理机制上着力，切实扩大各类社会治理力量参与社会事务管理的覆盖面和纵深度，构建"四治融合"不断深化的基层社会治理体系。

第一，从乡村社会治理的基础主体看，村民自治是核心。只有基层居民内生动力强劲、能力充足、精气凝聚，治理实践才会迅速推进且高效恒久，最终趋同于自我治理和自主治理的本质追求。

第二，从乡村社会治理的秩序运行看，法治化建设无疑是最强有力的规约保障。乡村社会治理当依法而治，要加快完善农村领域的法律法规体系，加强乡村公共法律服务平台建设和法律顾问工作，健全居民调解员队伍，构筑矛盾纠纷化解、公共安全、综治维稳、突发应急等工作机制，从而将治理过程中的事务运转、机制运行"轨道化"，为乡村发展营造稳定、有序、平顺的运行环境。同时，推进村规民约的制度化运作，积极发挥村规民约这一软性法律的治理作用，形成多层次治理规则以提高乡村治理法治化，优化乡村治理环境。

第三，从乡村社会治理的价值自觉看，德治是内在支撑。推进乡村社会治理，要将德治思想融入自治制度设计和法治建设进程中，不断强化社会秩序的内在文化认同和德治导引，扎实提高治理成效，增强善治的思想文化支撑。

第四，从乡村社会治理的效率追求看，数治是方向。伴随着数字社会的建设与发展，要大力推进城乡基层信息化建设和大数据管理，不断加强基层社会治理的数字赋能，提升治理的精细化与高效化。

（三）打造以党组织为核心的多元主体共治格局

推进新时代乡村治理现代化，要坚持多元主体共同治理，不断打造中国共产党"一核"领导与若干主体参与治理的"一核多元"治理主体格局。

第一，把农村基层党组织的领导核心地位明晰化。要明确各治理主体的权责边界，农村基层党组织自觉担当起推进新时代乡村社会治理的政治责任，切实为乡村社会治理实践发展把准方向、锚定目标，持续将党的政治优势转换为治理能力和治理效能。

第二，要明确有限政府的职能权限，推进政府管理与社区自治有效对接。从乡村社会治理的主体参与看，政府的政策引导与资金投入是重要推动力，但有限政府的权力边界要清晰。基层政府当以强化和促进公共服务为抓手，带动基层政府职能转变，扭转长期以来形成的自上而下的管理理念，不再将政府与治理对象看成是主体与客体的划分，而是不断激发治理对象的能动性，将其作为平等并行的治理主体，推进政府管理与群众自治良性互动。同时，要积极培育乡村社会的各类合作社、协会以及其他社会组织，以政府、社会、市场的关系理顺集聚社会共治力量，增强基层社会治理能力。①

---

① 李三辉、曹梦：《现代化治理格局下健全乡村治理体系的逻辑与推进思路——基于河南省的实践审视》，《乡村科技》2022 年第 14 期。

　　第三，要强化居民自治能力提升。作为乡村治理最重要的主体，村民参与和群众自治必须充分体现并发挥作用，深化自治实践以打造多层次基层协商格局，通过激发内生动力来拓展村民自治实践，不断提升村民主体地位和治理能力。

第三章

健全乡村治理体系

基层是社会的细胞，乡村社会作为我国最广阔的基层社会，其有效治理是保障我国基层社会稳定和谐的关键。作为农业大省和人口大省，河南拥有着广阔的农村地区和大量的农村人口，做好"三农"工作和乡村治理体系构建，是推进河南乡村全面振兴的重大历史任务。同时，只有不断加快乡村治理体系和治理能力现代化，让农村成为安居乐业的美丽家园，才能更好地保障河南不断开拓经济社会发展的稳定局面，助力新征程中"两个确保"奋斗目标的顺利实现。

第一节　健全乡村治理体系的时代背景

农村兴则国家兴，乡村治则国家安。一直以来，农村工作都是党和国家工作的重中之重，而如何切实做好乡村治理又成为保障农村社会发展稳定、维护国家长治久安的关键因素。历史地看，在中国社会形态变化和社会发展阶段跃升的不同历史时期，乡村治理始终是治国理政的重要议题，伴随着现代化社会治理实践的无止境深化发展，与之相对应的治理体系、治理方式也未曾停止调整与革新。因为推进乡村治理的现代化、构建现代化乡村治理格局，其中的一个重要方面就是健全完善乡村治理体系或推进乡村治理现代化，只有不断革新乡村治理体系，才能更好地适应乡村治理实践发展，从而运用相对健全的乡村治理制度体系、合理的乡村治理机制来推动乡村治理运行，助推乡村治理效果呈现。党的十八大以来，中国特色社会主义进入了新时代，乡村治理更是被摆在了突出位置，党和国家多次重要会议都就推进乡村治理提出了意见或下发了文件。2013 年以来，历年的中央一号文件都对完善乡村治理体系机制提出了明确要求。党的十九大正式提出了实施乡村振兴战略，它既成为新形势下"三农"工作的风向标，也为乡村治理、乡村发展远景标定了画卷框架。随后，不管是党中央和国家层面出台的乡村振兴战略实施的纲领性意见《中共中央　国务院关于实施乡村振兴战略的意见》，还是专项指导乡村治理体系建设的《关于加强和改进乡村治理的指导意见》，都一再强调要加强乡村治理新体系建设，坚持党组织领导下的自治、法治、德治相结合。

毋庸置疑，新时代乡村振兴战略已成为中国特色社会主义伟大事业在农村地区的总章程，它为今后一个时期的"三农"工作设定了"产业兴旺、生态宜居、乡风文明、治理有效、生活富裕"的总体要求，这就意味着农村基层基础工作必须不断加强，乡村治理体系与治理能力现代化建设需持续推进，安居乐业的美丽乡村日常应当频繁呈现，唯此才能更好地保障经济社会发展稳定局面的不断开创，推进伟大事业，实现伟大梦想。但是，由于国家发展策略、区域资源差异等多重因素的影响，城乡间发展不平衡不充分的问题普遍存在，乡村地区在广度和深度上更多地显现出社会主义初级阶段的特征，表现为提升基础差、底子薄、发展滞后等,成为"两个一百年"奋斗目标达成的突出短板。分析时下农村社会的具体问题,产业融合发展不够、人才力量不足、基层组织不强、基层公共服务水平较低、生态环境问题突出、乡风民俗式微、社会治安风险增加、宗族宗教势力抬头、黑恶势力扩张等问题都有所凸显,农村基层工作的薄弱形势不容忽视,而乡村要实现快速发展必须跨越这些障碍,也就是以有序的社会治理为基础,这就指向了亟待加强的乡村治理体系和治理能力。当前乡村治理的社会基础,一是乡村振兴背景下乡村善治的强劲政策动力;二是日益深化的经济社会体制改革,已发生重大变迁的乡村社会结构、利益格局、文化生态;三是仍处薄弱环节的农村基层工作,日趋多元化的乡村治理主体,交叉叠加的各类社会矛盾,乡村治理对象的繁杂变化,传统乡村治理机制和方式的转向挑战。

面向新形势的乡村治理体系构建,如何进一步完善乡村治理结构、推促农村生活发展、维护乡村社会秩序,党的十九大报告和乡村振兴战略方案都明确表示,要切实做好农村基层基础工作以固基安本,健全"党委领导、政府负责、社会协同、公众参与、法治保障"的现代社会治理体制,完善自治、法治、德治相结合的乡村治理体系。[①] 同时,坚持自治为基、法治为本、德治为先,打造充满活力、和谐有序的善治乡村,营造共建共治共享的乡村社会治理格局。[②] 党的十九届四中、五中全会也相继聚焦基层社会治理体系建设的强化,分别强调要在共建共治

---

① 习近平:《决胜全面建成小康社会 夺取新时代中国特色社会主义伟大胜利——在中国共产党第十九次全国代表大会上的报告》,《人民日报》2017 年 10 月 18 日。
② 《乡村振兴战略规划(2018~2022 年)》,新华网,http://www.xinhuanet.com/politics/2018-09/26/c_1123487123.htm。

共享下完善党委领导的社会治理体系,[①] 健全党组织领导的城乡基层治理体系。[②] 2021 年,中共中央、国务院印发了《关于加强基层治理体系和治理能力现代化建设的意见》,更是直接为在新的历史条件下加强和改进城乡基层治理提供了纲领遵循。2022 年,习近平总书记在党的二十大报告中强调,"完善社会治理体系,健全共建共治共享的社会治理制度,提升社会治理效能,畅通和规范群众诉求表达、利益协调、权益保障通道,建设人人有责、人人尽责、人人享有的社会治理共同体",为深化新时代新征程乡村社会治理实践指明了工作重点与路径指引。[③] 不难发现,持续完善乡村治理体系是理论与实践的统一,是传统与现代的结合,更是中国式现代化发展与国家治理现代化的现实要求。

第二节　河南健全乡村治理体系的基本逻辑[④]

社会治理的基石是基层治理,乡村治理既是基层治理的重心,也是难点。乡村治理成效如何,直接影响乡村社会发展质量和乡村全面振兴目标的实现。而要实现乡村治理有效,构建与乡村治理实践相适应的乡村治理运行体系是关键。新征程中,抓好乡村治理体系建设,推进乡村

---

① 《中共中央关于坚持和完善中国特色社会主义制度　推进国家治理体系和治理能力现代化若干重大问题的决定》,中国政府网,http://www.gov.cn/zhengce/2019-11/05/content_5449023.htm。

② 《中共中央关于制定国民经济和社会发展第十四个五年规划和 2035 年远景目标的建议》,中国政府网,http://www.gov.cn/zhengce/2020-11/03/content_5556991.htm。

③ 习近平:《高举中国特色社会主义伟大旗帜　为全面建设社会主义现代化国家而团结奋斗——在中国共产党第二十次全国代表大会上的报告》,《人民日报》2022 年 10 月 26 日。

④ 本部分内容参见李三辉、曹梦《现代化治理格局下健全乡村治理体系的逻辑与推进思路——基于河南省的实践审视》,《乡村科技》2022 年第 14 期。

治理现代化，对于夯实党长期执政的基层基础，确保人民安居乐业，维持国家长治久安，意义重大。

一 健全乡村治理体系是推进基层治理体系和治理能力现代化的内在要求

乡村是国家治理的坚实根基，长期以来，党中央高度重视乡村治理工作。尤其是党的十八大以来，乡村社会治理作为一项重要工作被摆在了突出位置，中央和国家多次重要会议都就推进乡村社会治理提出了意见或下发了文件，全国地方各级党委政府也将乡村社会治理作为重点事项常抓推进。2019年，党的十九届四中全会专门研究了"推进国家治理体系和治理能力现代化"的重大问题。2021年，中共中央、国务院又专门围绕"城乡基层治理现代化建设"印发了纲领性意见文件。在新的历史条件下，抓好乡村治理体系建设，推进乡村治理现代化，是事关夯实党长期执政的基层基础、确保人民安居乐业、维持国家长治久安的重大问题。从基层治理基本内容和实践操作看，城乡基层治理无疑是核心组成部分，治国理政的重点和难点在基层，治理创新完善的突破点也集中在基层，同时国家治理效能、社会治理效果的水平呈现也最真实地呈现在基层社会运转过程中。不难理解，进一步加强和改进乡村治理，不断提升乡村治理体系和治理能力现代化是基层治理现代化大局的题中之义，更是其支撑性的存在。而切实做好乡村治理现代化的一个重要方面就是，跟随社会实践变化不断完善乡村治理体系，从治理机制优化上来提升乡村社会治理，因为不管何时何地开展社会治理行动，总要依赖恰当的治理体系来推动社会治理运行，凭借健全的制度体系、合理的机制建设来助推社会治理效果呈现。

二 健全乡村治理体系是全面推进社会主义现代化河南建设的必然选择

当前，河南省已全面迈入建设社会主义现代化河南的新征程。在这个历史目标的标定下，现代化河南建设图景是全面性的现代化，是基层建设发展水平提质跟上、现代化短板补齐的现代化状态，没有城乡基层的现代化就难以真正实现河南整体层面的现代化。新时代新征程，加强和改进乡村治理，健全乡村治理体系，提升乡村治理能力是维护社会秩序和谐与安全发展，推进全面建成社会主义现代化河南目标实现的重要考量。可以预见的是，不断完善乡村治理机制体系，提高乡村治理现代化水平，扩展乡村治理效能，将在新时代长征路上与达成现代化河南建设目标紧密相伴。唯有基层稳固强大，乡村治理有序安定，才能最大限度地保证社会和谐、人民安居，也才能为乡村振兴战略推进与社会主义现代化河南建设构建良好的发展环境和基础保障。

三 健全乡村治理体系是保障人民群众美好生活向往日益实现的客观需要

基层是国家的"细胞"，基层单元越往下越接近民生实际，其治理成效如何直接影响人民群众生活质量。习近平总书记强调，"江山就是人民，人民就是江山"。中央和地方都在着力推动社会治理重心向基层下移，其背后有基层社会治理现实矛盾与客观实际的需要，有基层量大面广的支撑国家治理基础的战略考量，更有基层治理运转与人民日常生活紧密相连的民本意识。随着新时代条件下的社会主要矛盾的深刻变化，如何在发展中平衡与保障人民群众日益增长的美好生活向往成为治国理政的核心主线，体现到治国实践中考验的是基层治理成色，其在公共服务提供、发展成果共享、社会空间共建、生活品质提升上，是否能适应人民群众的生活要求、满足人民群众的美好期待。而要达到此目标，运行于城乡基层社会的治理体系必须适时依据实践形势变化做出调整，加快构建现代化基层治理体系，夯实人民群众畅享美好生活的治理基础，让民众在认同基层治理的同时，增进获得感、幸福感、安全感。

第三节　健全"三治结合"乡村治理 体系的河南探索

从我国的乡村治理实践看，如何切实调整与完善乡村治理体系，优化乡村治理制度机制，一直都是全国各地推进乡村治理实践的着力点，因为健全的乡村治理体系左右着乡村治理实践运行，影响着乡村治理效果的呈现，关系广大民众的生活日常与美好生活图景的实现，也事关我国社会大局稳定和国家治理现代化进程。事实上，乡村治理体系的构建是一个系统工程，它既牵涉乡村治理结构、乡村治理制度环境，也关联着乡村治理主体、乡村治理实施，是一个理论与实践相结合的过程。党的十八大以来，全国各地都在构建党组织领导的乡村治理体系方面开展了积极有效的实践探索，在基层党组织领导下村民自治、乡村文明建设等实践全面铺开，出现了很多成功案例，尤其是党的十九大正式提出"健全自治、法治、德治相结合的乡村治理体系"，党的十九届四中、五中全会又进一步强调要建立健全党组织领导下的"三治结合"治理体系等。可以说，"三治结合"已成为新时代新征程健全乡村治理体系的关键所在。

一　我国"三治结合"乡村治理体系的提出与扩展[①]

(一)"三治结合"的提出基础：治国思路变迁

伴随着我国经济社会的不断发展，社会现代化建设的进程也急速推进，社会治理实践不断产出鲜活思想，从而又进一步作用于实践并在其中验证是否适用。可以说，每一项合理政策的制定和出台都必然来自实践，也最终归于实践、指导于现实。如果从全时空角度看待政策的发布、完善、革新就会发现，社会政策背后的支撑是不同历史的社会背景、不同阶段的发展任务、不同时期的治国理念。"三治"中的自治、法治、德治虽然都是由古传承的治理手段，从本质上来说并无优劣对错之分，其使用的倚重比例在不同的历史时期有不同呈现，揭示的是彼时治国的现实和理念选择。

历史地看，我国曾经历了漫长的统治国家阶段，而后大致是管理国家阶段和当今的治理国家时期。与此相对应的，社会领域也有统治社会、管理社会、社会管理、社会治理的变化进程。[②] 这都是治国理念不断革新的结果，尤其是进入 21 世纪以来，治国思路不断与时调整，从"社会建设和管理"作为五个统筹之一于 2003 年被提出，到之后几年不断健全的"党委领导、政府负责、社会协同、公众参与的社会管理格局"，再到转向社会治理创新的 2013 年，十年间社会领域中的治国理念就从管理走到了治理，极大地激发了社会治理创新实践。而从时间节点上看，桐乡市的"三治"建设的正式启动也正是 2013 年。国家发展在推进，社会实践在深化，治理理念也从未停步。2014 年，我国提出要坚持系统治

---

① 本部分内容参见李三辉《"三治融合"与乡村振兴治理体系构建》，《广西社会科学》2020年第 7 期。

② 范和生、李三辉：《论乡村基层社会治理的主要问题》，《广西社会科学》2015 年第 1 期。

理、依法治理、综合治理、源头治理，不断增进社会治理法治化深度；2015 年着手构建全民共建共享的社会治理格局；党的十九大强调，完善党委领导、政府负责、社会协同、公众参与、法治保障的社会治理体制，强化乡村治理体系中的自治、法治、德治结合度，全力营造共建共治共享的社会治理格局。2018 年开始全面实施的乡村振兴战略，更是全方位落实党的十九大精神，进一步夯实基层基础工作，健全自治、法治、德治有机结合的现代乡村社会治理机制。不难发现，"三治"模式的提出是社会治理创新在基层的展现，其思想主线紧联治国思路变迁，国家层面的"三治"政策谋划又会从理论和实践上给其带来双重提促。

（二）先行实践：浙江"三治合一"的经验贡献

众所周知，自党的十八届三中全会以来，创新社会治理在全国上下被迅速贯彻，各地积极结合实际探索社会治理创新模式。面对基层社会治理出现的新情况和新问题，桐乡市在 2013 年率先开展了"法治为要、德治为基、自治为本"的"三治"建设，以破解社会快速变迁中日益凸显的法治思想淡薄、社会德义滑坡、价值理念冲突、基层自治缺少空间等问题，旨在打造"三治合一"的基层社会治理新模式，保障经济社会稳定发展。[1] 从该模式的实践源起看，桐乡市最先成立的是道德评判团，想借此组织来破题日益多元化的利益诉求、"村转居"过程中的纠纷调和、文明新风弘扬等，让事务大家判、事事有人管，因为自己管理规范自己、自行评判事务对错和村民行为得失更有说服力和公正感。从这个层面看，村级道德评判团就是传统乡村自治思想、"道德权威"治事维序的发扬，属于"三治"中的德治和自治。随着试点效果的不断呈现，

---

① 《浙江桐乡"三治"创新社会治理　打造枫桥经验升级版》，中国新闻网，https：//www.chinanews.com/sh/2015/02-05/7038660.shtml。

桐乡市继续在更广的层面创新治理方式、发展治理载体，形成了"一约两会三团"，即村规民约（社区公约）、百姓议事会、乡贤参事会、百事服务团、法律服务团和道德评判团。这些创新载体吸纳了村民、党员、乡贤、教师、法律工作者等众多人群，有利于基层"三治合一"治理理念的扩展，对激发社会自治活力、优化基层道德文化环境作用重大，极大地浓厚了"大事一起干、好坏大家判、事事有人管"的基层社会治理氛围。① 随着桐乡"三治"基层社会治理创新典型的频繁推出，基层社会治理中的难解"锁扣"也被渐渐打开，而如此有效的实践经验也在2014年被迅速推向全省各地，不断健全"法治、德治、自治"相结合的基层治理机制。从实行的功效看，"三治合一"建设促进了理念上的社会管理向社会治理转变，多元化了社会治理主体结构，活跃了公共事务的社会参与，整合协调了各种社会治理手段，推动实现了事后处置向事前和事中延伸转变。

（三）当代乡村治理中的"三治"扩展和概定

1. 由浙江走向全国

经验重在分享，方法可以借鉴。分析中共中央、国务院出台的《关于加强和完善城乡社区治理的意见》我们可以发现，"促进法治、德治、自治有机融合"被明确写入了文件，强调要立足于发挥群众性自治组织的基础作用、统筹社会力量协同、强化社区文化引领，不断增进政府治理、社会协调、群众自治的良性互动，常态化人人参与、人人致力、人人共享的治理局面。② 从此，浙江省的"三治"基层治理

---

① 《浙江：呈现新时代乡村治理范本》，中国政府网，https://www.gov.cn/xinwen/2019-06/09/content_5398518.htm。

② 《中共中央　国务院关于加强和完善城乡社区治理的意见》，中国政府网，https://www.gov.cn/gongbao/content/2017/content_5204888.htm。

模式开始走向全国。

2. 从"法治、德治、自治"到"自治、法治、德治"

从 2013 年发轫于浙江的"法治、德治、自治"基层治理模式构建，到 2017 年"促进法治、德治、自治有机融合"的全国提倡，再到党的十九大报告指出"加强农村基层基础工作，健全自治、法治、德治相结合的乡村治理体系"，至此，"自治、法治、德治"三者的顺位排序有了最新调整，也有了最权威概定。2019 年，中共中央办公厅、国务院办公厅印发的《关于加强和改进乡村治理的指导意见》明确提出"不断健全完善党组织领导的自治、法治、德治相结合的乡村治理体系，构建共建共治共享的社会治理格局"的建设目标。[①] 2021 年，中共中央、国务院印发的《关于加强基层治理体系和治理能力现代化建设的意见》也明确提出，要力争用 5 年的时间，建立起党组织统一领导、政府依法履责、各类组织积极协同、群众广泛参与，自治、法治、德治相结合的基层治理体系。可以说，不断构建党组织领导下的自治、法治、德治相结合的乡村治理体系，已成为新形势下乡村治理发展的一条主线。而促进"三治"有机结合，要秉持自治为基、法治为本、德治为先，健全和创新党组织引领下的群众自治机制，突出法律权威，以德治滋养法治、润养自治，让德治贯通乡村治理全过程。厘清了三者的位次关系、分工设置、倚重方向，才能真正理解乡村治理体系的构建逻辑，也才能科学合理地推动乡村治理体系的建构。

3. 新时代乡村振兴战略中的"三治"价值定位

治理有效是乡村振兴的目标总要求之一，同时乡村有序治理也是推

---

① 《中共中央办公厅 国务院办公厅印发〈关于加强和改进乡村治理的指导意见〉》，中国政府网，http://www.gov.cn/zhengce/2019-06/23/content_5402625.htm。

进乡村全面振兴的最重要基础。做优新时代的"三农"工作，必须切实巩固农村基层基础工作，营造健康安定的社会环境，而有机融合自治、法治、德治正是新时期乡村基层治理的路径选择，是打造共建共治共享乡村社会治理格局的保障手段。具体而言，自治就是要深化村民自治实践，深化自我管理、自我教育、自我服务、自我监督理念，加强群众性社会组织建设，强化农村基层党组织建设，健全和创新村党组织领导的充满活力的村民自治机制。法治就是要补齐全面依法治国进程中的乡村法治短板，增强农村区域的法治理念，不断提升法律法规的威慑效用，更好地保护村民利益、规范市场运行、治理生态环境、消解农村社会矛盾等，营建法治乡村。德治就是要不断挖掘和弘扬中华优秀传统文化，传承向上向善、孝老爱亲、重义守信、勤俭持家等社会美德，用强化道德建设的润物细无声来夯实社会秩序的软性基础，不断提升乡村德治水平。关于"三治"间的内在关系，乡村振兴战略系列文件已有定论，即坚持自治为基、法治为本、德治为先，健全村民自治，强化法律权威，以德治滋养法治、涵养自治，让德治贯穿乡村治理全过程。从"三治"运行思路看，它书写的是邻里守望、民众自决、社会自治的生活愿景，要用自治体系来"自束内消"，用法治建设来"定分止争"，用德治建设来"养德润心"。不难理解，"三治结合"乡村治理体系促进了党的领导、人民民主、依法治国的有机统一，既聚焦当代乡村治理结构变动、农村社会问题复杂、乡村社会生态多元等突出问题，也着眼于乡村治理主体多方协同、传统治理模式创新、全球治理范式吸纳的路径探索，呼应了社会治理重心下移形势下"乡村治什么""乡村怎么治"的问题。

二 河南健全"三治结合"乡村治理体系的实践

河南作为人口大省、农业大省、农村大省，一直都十分重视乡村建设与乡村治理，不论是政府推动还是自下而上进行的探索，许多地方都在夯实乡村社会治理基础上下了很大力气，在推动社会治理重心向基层下移上做了不少探索，乡村社会治理获得了持续发展，乡村治理体系建设创新也持续拓展，涌现了许多卓有成效、各具地域特色的乡村社区治理成功案例，形成了一些价值凸显的乡村治理运行经验与治理样本。当前，河南正在新征程上大力实施乡村振兴战略，推进乡村治理现代化，对这些案例进行总结分析，可以更好地探明"三治结合"在乡村治理实践中的应用成效，对于推进"三治结合"治理体系的纵深发展具有重要的借鉴价值。

（一）河南乡村治理政策体系的优化

近年来，河南省认真贯彻落实党中央的决策部署，将加强和改进基层治理工作列为重点任务接续推进，围绕健全基层社会治理体系、完善基层社会治理格局，出台了一系列政策文本意见，促进了河南基层治理工作实践。河南省委一号文件每年持续关注加强农村基层治理建设问题，结合贯彻落实《中国共产党农村工作条例》和《中国共产党农村基层组织工作条例》，始终坚持和加强党对乡村治理工作的领导，持续推进党组织领导的乡村治理体系建设。为有效推进社会治理重心向基层下移，河南省不断优化完善"两级政府、三级管理、四级网络"体制，在2012年3月就确定了社会管理创新的试点区域，着力搭建网格化管理的长效机制。同时，河南省还积极落实依法治理、源头治理、系统治理理念，建立省、市、县三级矛盾化解机制，并于2014年11月出台《省委政法委 省综治委关于完善基层矛盾纠纷预防化解机制的指导意见》。2018年初，河南省委省政府印发了《关于推进乡村振兴战略的实施意见》，强调要"夯实农村基层基础，完善乡村治理体系"，要"建立健全党委领导、政府负责、社会协同、公众参与、法治保障的现代乡村社会治理体制，坚持自治、法治、德治相结合，确保乡村社会充满活力、和谐有序"。[①] 2018 年 10 月，河南省委省政府又印发了《河南省乡村振兴战略规划（2018~2022 年）》，明确提出"推动乡村组织振兴，建立基层治理新体系"，要"建立健全党委领导、政府负责、社会协同、公众参与、法治保障的现代乡村社会治理体制，加快构建自治、法治、德治相结合的乡村治理体系，打造充满活力、和谐有序的善治乡村"。2019 年 3 月，河南省委省政府正式印发了《关于加强和完善城乡社区治理的实施意见》，作为一个纲领性的文件对完善全省"城乡社区治理"做出了系统性谋划安排。2020 年 12 月，河南省委全面依法治省委员会制定出台了《关于加强法治乡村建设的实施意见》，为河南法治乡村建设进行了系统性部署。2022 年 3 月，《河南省乡村振兴促进条例》正式施行，其对"乡村治理"做了专门明确，要建立健全现代乡村社会治理体制，健全党组织领导下的自治、法治、德治相结合的乡村社会治理体系。[②]

（二）样本呈现："三治结合"视域下的河南乡村治理实践

众所周知，"三农"工作一直以来都是党和政府的工作重心。放眼国内，河南扮演了"三农"工作的重头戏角色，而做好乡村社会治理是其重要基础。从治理有效的目标实现来看，做好自治、法治、德治中的任何一项都能或有助于呈现治理效果，三者是相辅相成的关系，不是排斥对立，而是可以相互组合融通。就治理工作本身而言，自治、法治、德治既是技术手段，又是治理理念和方式，其实践存在远远早于"三治

[①] 《中共河南省委 河南省人民政府关于推进乡村振兴战略的实施意见》，河南省人民政府网，https：//www.henan.gov.cn/2018/03-28/389214.html。

[②] 《河南省乡村振兴促进条例》，河南省人民政府网，https：//www.henan.gov.cn/2022/01-24/2386964.html。

结合"这一概念的正式提出。因此，尽管河南乡村治理的成功案例有很多，各有突出的优势和鲜明的特点，但从治理方式维度来考察，仍然很容易发现其共性特征，即良好治理效果的背后是"三治结合"的治理思维和治理体系实践，或以突出某一种治理方式为主，或是二者、三者间的融合。

1. "4+2" 工作法：以自治为基推进基层组织建设

提及河南的乡村治理的典型做法，首创自邓州农村地区的 "4+2" 工作法无疑是知名度最高、影响范围最大的代表性案例。考察邓州市 "4+2" 工作法可知，它从 2004 年就开始了实践探索，是在村级民主管理实践中创造的农村工作方法，指的是所有村级重大事项都必须在村党组织领导下，按照"四议""两公开"的程序决策实施。从实施成效看，社会治理成果显著。据统计，由于 "4+2" 工作法的运用，邓州市农村信访量下降 74%，集体访、越级访下降 95%，邓州被评为河南省综合治理先进县（市）。也正是基于此，河南全省推广了 "4+2" 工作法。不仅如此，此工作法还获得了党和国家领导人的高度肯定和评价，"四议两公开"更是被写进了 2010 年的中央一号文件，并明确提出要推广此经验做法以加强农村基层组织建设。探究邓州 "4+2" 工作法的运行过程和成功经验我们可以发现，民主是此工作法的核心理念，自治是此工作法的运行基础，公开和公众参与是此工作法运行的重要保障。值得注意的是，"4+2" 工作法还是在有力推动基层党组织建设的前提下进行的村民自治新实践，改变了以往传统的村党委大包大揽、全程包办的工作思路和习惯模式，进行了基层民主政治建设的新尝试和村民自治实践的新探寻。换言之，"4+2" 工作法实质上是"基层党建+村民自治"的先行范例，它走出了一条党建引领下的基层民主政治建设路子，增添了乡村治理现代化中的民主化元素。

2. 郝堂经验：共建共治共享的美丽乡村

回望河南全省的新农村建设，郝堂村无疑是其中较为成功的案例，其在集体经济发展、生态环境保护、乡村社会治理上都取得了显著成效，探索出了"政府主导、农民资源、专家协作、就地改造"的新农村建设新模式。实际上，先前的郝堂村与信阳市平桥区的其他山村并无特殊区别，都面临着经济基础差、社会风气不好、人居环境脏乱、传统文化飘零等困境。郝堂村的改变，得益于当地政府 2009 年在该村引入了以养老为切入点的内置金融改革试点，建立了养老互助合作社，重构了郝堂村的村社共同体。正是凝聚了经济发展、民生建设、乡村治理等职能共同体，重新调动了村民建设乡村的主体意识和自主能动性，从而在壮大集体经济的基础上，郝堂村的人居环境整治、社区秩序治理、文化传承维系获得了极大改观。2013 年郝堂村成为河南省唯一一个入选全国首批 12 个"美丽宜居村庄示范"的村庄，农业部在 2014 年将郝堂村列为全国"美丽乡村"首批创建试点乡村。分析来看，郝堂村的乡村建设模式不可复制，但其建设理念和方法却可以为全省其他地区推进乡村社会治理提供借鉴。郝堂经验之一是，坚持了村民自主的建设核心地位，它始终以村民主体来推进乡村建设，把村民放在"主人翁"的位置上，充分发挥村民的主观能动性，推动村民在参与乡村社会治理中实现民主自治。郝堂经验之二是，注重强调共建共治共享，郝堂村的新农村建设集合了多方面资源和力量，走的是一条政府主导、村民自主、专家协作、社会共建的道路，实现了资源的整合优化和社会效益的最大化。

3. 孟津县"1+3+1"乡村治理体系

2019 年以来，孟津县着眼于全面推进落实乡村振兴战略，加强和改进乡村社会治理，积极探索建立了"1+3+1"乡村治理体系，在夯实基层政权基础、化解基层社会矛盾、提升村民自治水平、促进精神文明建设等方面取得了显著效果。从具体内容上来看，第一个"1"就是基层党组织建设的引领，"3"就是自治、法治、德治的结合并进，第二个"1"就是为民服务入村行动。从实施效度看，数据统计显示，孟津县在严格落实"四议两公开"和"一征三议两公开"工作法的基础上，228个行政村在2019年底就全部运行了"一约四会"，民主议事形式不断扩大，村民自治能力和活力日益提升；孟津县初步实现了"小事不出村、大事不出镇、矛盾不上交"的目标，基层矛盾纠纷化解率达95%以上，产生了"全国民主法治示范村"。

4. 完善政府负责体制促进治理效能提升的鹤壁经验

近年来，鹤壁市着力强化社会治理中的政府主体责任，市域内各县乡在加强和创新社会治理实践中，统一成立了以党政主要领导为组长的高规格领导推进小组，切实将基层社会治理现代化纳入各级党委政府的"十四五"规划中，完善了联动融合、集约高效的政府负责体制，提升了全域社会治理效能。① 从社会治理实践看，鹤壁市聚焦社会生活秩序持续推进"一评四会"治理机制，有效防范和化解了基层矛盾纠纷，社会治安综合治理水平逐年提升。常态化开展"五强"乡镇、村和"五优"街道、社区创建，抓好党建引领、经济发展、社会治理、公共服务、城乡建设等，推动社会治理"城乡并进"。同时，盯紧发展与安全，不断压实各级各类主体责任，健全应急管理体系机制，社会公共安全管理水平日益提高。此外，鹤壁市借助于近年来不断推进的5G智慧城市建设，不断优化社会治理信息化系统，让科技信息在社会治理、综治安

---

① 《河南鹤壁：完善政府负责体制　提升治理效能》，《法治日报》2022年4月15日。

全、公共服务中不断发挥效能。

分析"4+2"工作法、"1+3+1"乡村治理体系、政府负责体制的鹤壁治理模式等治理实践，能够为进一步做好"三治结合"和加强乡村治理提供以下几点经验启示。一是强化党支部建设以筑牢乡村治理的组织基础，增强基层党组织的号召力、凝聚力、战斗力，发挥基层党建在社会治理体系中的统领和核心作用。二是推进"三治结合"并进深入，协调好"三治"间的关系，以自治为基础，着力提升村民的治理主体地位、扩大基层议事民主，完善村民自治运行机制；强化法律权威和法治精神，不断增强防范化解矛盾纠纷的能力，提升乡村法治化水平；注重以德治村，完善乡规民约，发扬乡贤文化，营造向上向善的乡村文化氛围。三是提升为民服务水平和质量。以为民解困、人民满意为工作目标，不断加强乡村基层服务设施建设，提升乡村公共服务水平，调动党员干部和群众志愿者为民服务的热情和活力，在提升服务水平中增强群众的认同感和满意度。

第四节　河南健全乡村治理体系面临的
形势与问题

众所周知，无论是自治、法治还是德治，都是古已有之的最基本的治理方式和手段，任何一种方式运用到恰当的特定治理情境中都可以发挥出较好的治理效果，在一定程度上促成良善状态，并且自治、法治、德治本身没有孰优孰劣之分，有的只是最恰如其分的介入和最优化的组合手段。直面加速推进的社会主义现代化建设实践，反映到社会领域的助推渠道无疑就是不断加强乡村社会治理创新，夯实乡村安定有序的治理基础。

一 河南健全"三治结合"乡村治理体系的发展趋势

总结回顾上文所述的河南乡村治理成功模式和"三治结合"乡村治理实践探索可以发现，无论是"4+2"工作法的党建和村民自治融合，还是以村民为主体的共建共治共享的美丽郝堂建设，抑或是党建引领、"三治"并进的"1+3+1"乡村治理模式，自治力量的崛起、法治精神的引领、制度规范的建立、文化德教的引领等，都在上述的乡村治理有益实践中或多或少地发挥着积极作用。

新形势下，乡村社会形态和社会治理基础已发生深刻变迁，乡村治理的经济基础、社会阶层结构、文化生态格局等都发生了重大调整。面对推进乡村治理现代化的时代语境，中央对乡村发展、乡村社会治理提出了一系列新要求、新思路、新战略，乡村治理理念、主体、方式等都需要进一步创新完善，原有的乡村治理体系已无法适应社会巨变下的乡村经济社会结构，乡村治理模式和运行体系亟须华丽转型，与现代社会背景的乡村发展接轨。关于乡村治理体系的构建策略，党的十九大以来一再明确，要不断健全"三治结合"乡村治理体系，这是总体的实践方向。基于近年来国内各地的乡村治理政策设计与实践操作，下一步仍需继续加强"三治结合"乡村治理体系建设，结合不同地区、不同类型乡村的具体实际来深化"三治结合"的深度和广度，择优选择"三治结合"的模式路径和侧重方向。不难理解，推进新形势下的"三治结合"乡村治理体系健全，自治、法治、德治应最大化展现各自的治理效度，发挥出各自领域的优势是健全"三治结合"乡村治理体系的基础，而植根于不同情况的乡村治理场域，找好三者共同切入的结合点，协调好各自的分工协作，则是健全"三治结合"乡村治理体系的突破点。

应当看到，"三治结合"既是治理理念，又是治理手段。不管是传统治理还是现代治理，治理有效都是开展治理活动首先要解决的问题。以治理有效为基准的乡村治理体系建设，它以人民为中心立场，秉持法治精神并将公平与效率充分地纳入乡村价值体系中，科学合理处置乡村社会中的利益与权利关系。具体来看，健全"三治结合"治理体系，一方面是为了日益完善党组织领导下的城乡基层治理体系，推进治理更加科学、民主、法治，更加系统化、有效化和协调化；另一方面是要推进乡村治理主体的多元化，更多地引入基层自治，实现政府治理和社会调节、居民自治良性互动，满足农民日益增长的美好生活需求。在社会图景上，健全"三治结合"治理体系的根本目标，是追求乡村善治，构建共建共治共享的体制机制与平台，从而最大限度地实现人民幸福，不断提升民众获得感、幸福感、安全感。

二　河南健全完善乡村治理体系面临的现实问题①

分析来看，新形势下的河南基层治理工作，尤其是乡村治理现代化提升方面依然存在不少问题，还有很大的改善空间，需要继续健全和完善乡村治理机制体系，不断推动实现乡村治理有效。

一是乡村社会治理中的治理意识还不够，治理行为存在管控与越位的偏差。不少基层政府仍然沿用传统管理思维和方式去对待公共事务处理，过于依靠行政资源、职能下沉来发展社会事业、社会服务，防控社会风险，维护社会秩序，不仅压制社会自治、削弱公众参与，而且带来

---

① 本部分内容参见李三辉、曹梦《现代化治理格局下健全乡村治理体系的逻辑与推进思路——基于河南省的实践审视》，《乡村科技》2022 年第 14 期。

管理成本增加、政策效率持续性不足。

二是乡村治理体系中的党组织治理主体建设薄弱，党组织引领社会治理的凝聚力和效能不足。一方面，有些基层党组织建设质量和水平较低，呈现软弱涣散、组织建设不规范和党员管理无规章等问题；另一方面，党建引领基层社会治理的思想认识不到位，没有从全局视野深刻理解"抓好党建就是最大政绩"，没有正确认识到基层党建在社会治理乃至国家治理中的重要定位，没有从政治上去把握夯实执政基础、维护社会安定、保障服务人民的党建指向，存在将党建看作"虚功"、非主业的现象。同时，基层党建和社会治理有机融合不够，存在党建和治理"两张皮"的现象，悬浮化状态的党建很难真正融入乡村社会治理全域，加剧了基层党建工作的形式主义风险。

三是乡村社会治理工作机制有待优化，治理主体职责边界模糊，存在失位问题。一方面，要解决好乡村社会治理中的组织体系建设不强的问题，当前基层党建工作在机制设计上还不够完善，权力控制的态势倾向比较明显，社会建设的着力还需增强。基层乡镇政府权责不统一的问题依然在延续，公众和社会力量参与社会治理的渠道仍未通畅便捷，共建共治共享治理格局打造中的公众参与机制仍需不断健全。另一方面，从国内一些地区的乡村社会治理实践操作看，治理体系中各类治理主体的职责定位仍需进一步厘清，还不同程度地存在模糊混乱的状态，党组织领导下的村（居）民组织、民众、市场及社会组织等参与社会治理的机制不健全。社区的过度行政化已成普遍现象，而非必要职能承担过多的对应面势必是主要职能精力压缩或效果大打折扣，当前社会自治这一重要职能的行使就面临此种制约限制境遇。

四是乡村治理体系中的社会组织参与社会治理存在内外制约，没有发挥出真正的效用。一方面，社会组织的培育机制尚不完善，虽然多地政府发布有支持社会组织发展的政策文件，但文件细化落地、试点操作培育的力度远远不足；另一方面，社会组织自身建设不力，力量弱小且分散，受制于行政权力的管制，缺乏自主性和与政府组织平等合作的意识。同时，又因欠缺专业人才队伍保障，影响了社会组织提供高质量、专业化服务的能力。

第五节　党建引领"四治融合"：新时代健全
乡村治理体系的基本路向

着眼于现代化河南建设目标实现，河南必须走好新征程中的乡村治理之路，持续加强和改进乡村治理工作，从治理方式优化提升上入手，不断健全党组织引领下的乡村治理运行体系，以乡村治理方式的不断改进、乡村治理体系的持续优化，理顺"党—政—社—民—市"主体间的关系，融通于"三治结合"与"数字治理"，更好地维系乡村社会大局稳定，夯实美好生活呈现的治理基础，提促乡村社会发展和治理实践持续前进。

一　河南推进党建引领乡村治理"四治融合"的时代背景

乡村治理是基层社会治理的重点，是国家治理的基础支撑。乡村社会治理是否有效，关系着经济社会是否能持续稳定、繁荣和发展，关系着"两个一百年"目标能否顺利实现。没有乡村的有效治理，就没有乡村的全面振兴和农村现代化的实现，也就没有国家现代化的达成。不能有效解决"三农"问题，中华民族伟大复兴的中国梦就不能顺利实现，而推进乡村振兴伟大战略的顺利实施，乡村有效治理的实现无疑是重要的前提和基础。党的十八大以来，习近平总书记坚持用大历史观来看待"三农"工作并发表一系列重要论述，强调要不断强化农村基层党组织职能、坚持党对乡村治理的全面领导，以从根本上保障做好"三农"工作。推进乡村治理是一个系统工程，乡村治理的有效实施，需要党的坚强领导，需要健全党组织领导下的乡村治理体系。事实上，党的十八大以来，中央和国家多次重要会议都就推进基层治理、强化乡村治理提出了意见或下发了文件，强调要"健全党组织领导的自治、法治、德治相结合的城乡基层社会治理体系"。

一段时间以来，伴随着时代变迁和经济社会结构转型，尤其是借助于互联网技术的飞速发展与信息化治理实践探索，网络化社会背景下的数字治理模式已成为新时代社会治理的趋势和亮点。也就是说，新形势下乡村治理实践的深入拓展面临数字乡村建设的重要任务，新时代乡村治理体系构建面临着"数治"方式融入的新形势。从实践上看，由于数字社会、数字乡村的不断形成与发展，乡村治理中的科技支撑元素、数字技术应用也逐渐扩展，为有效应对新形势下乡村治理过程中的新情况新问题，国内许多省市地区都纷纷在国家战略规划的指引下，开展了"自治、法治、德治"与"数治"相结合的乡村治理运行模式探寻。

直面新时代新征程乡村治理实践和数字乡村发展形势，河南也积极参与推动省内数字乡村建设工作，结合不同地区的乡村发展基础与实际，推出了一批数字乡村建设试点县（区），并积极探索乡村数字治理新体系的建设工作，为河南健全完善党组织领导下的乡村治理新体系架构经验支撑。2021年10月，河南省第十一次党代会着眼于现代化河南建设宏伟目标、推进治理体系和治理能力现代化，大力实施了数字化转型、乡村振兴等战略，强调要"大抓基层基础，不断增强基层党组织的政治功能和组织力""创造性践行新时代'枫桥经验'，推动自治法治德治数治'四治融合'"。这就为新时代新征程河南乡村治理发展进一步明确了工作方向与提升路径，要坚持党的全面领导、强化基层党组织建设，以党建引领乡村治理实践，同时着力提升乡村治理数字化水平，充分发挥信息化在乡村治理中的支撑作用，持续健全完善党组织领导下的自治法治德治数治"四治融合"的乡村治理新体系，以助推乡村全面振兴，提促乡村善治图景呈现。

二　河南推进党建引领乡村治理"四治融合"的重大意义

（一）新形势下强化基层党组织建设、增进乡村治理领导力的题中之义

当前，奋力建成社会主义现代化强国、以中国式现代化全面推进中华民族伟大复兴，已成为党的中心任务。历史已经证明并将继续证明，中国共产党是中国特色社会主义伟大事业的领导核心，党的领导是顺利推进党和国家各项工作的根本保障。聚焦农村发展和乡村治理实践，实现农村现代化、乡村全面振兴是现代化国家建设大局中的乡村发展方位，实现这一目标离不开党的领导，与党的基层组织建设密切相联。面对现代化河南建设的总体目标，乡村振兴、数字乡村发展、治理现代化等战略都对基层党建和乡村治理提出了新要求，新时代新征程乡村治理面临新机遇、新挑战，这对农村基层党组织如何进一步增强统筹协调能力、引领治理体系优化、提升治理领导力等都是较大考验。因为农村现代化建设和乡村振兴的各项政策都需要基层党组织来贯彻、落实、推进，做好党组织领导下的乡村治理体系运行是实现乡村治理有效的基础保证，而重视农村党组织建设也是党在各个历史时期推进乡村治理的重要抓手。

无论乡村治理实践如何扩展，乡村治理手段如何多元，乡村治理形势发展如何迅速，坚持党的领导都应当是乡村治理模式构建、乡村治理体系优化、乡村治理方式统合中的首要原则，尤其是要抓好基层党组织政治领导功能建设，以党建引领自治、法治、德治、数治各个治理方式在治理体系中作用的发挥，以党组织统领各方治理力量最大限度实现"四治融合"治理体系的整体效能，尤其是以现代治理理念和数字技术赋能乡村治理，不断健全党组织领导的乡村治理工作机制，这就需要新形势下基层党组织建设质量、治理领导力的持续提升。事实上，基层党组织建设、乡村治理体系健全、乡村治理创新是相互融合、相互依靠、相互促进的关系，党组织领导下的乡村治理体系是在乡村治理创新实践中不断优化完善的，乡村治理实践在治理体系的运行过程中不断拓展深化，基层党组织建设水平和领导力也在治理实践深化与治理体系建设中，不断优化着自身能力，强化着自身的整体功能。

（二）提升河南乡村治理体系和治理能力现代化的必然要求

毋庸置疑，加强和改进乡村治理是时代任务，无论是社会主义现代化强国建设总目标，还是国家治理现代化、乡村全面振兴等战略谋划，都对乡村治理提出了新标准和高要求，乡村治理在新时代面临着必须加快提升乡村治理现代化水平的紧迫形势，从而协同于新发展阶段和新发展格局的现实进程。从实践上看，推进治理实践的一个很重要的层面和渠道就是，不断加强社会治理方式方法的革新和改善，因为不管何时何地开展社会治理活动，总要依赖恰当的治理体系来推动社会治理运行。回望中国共产党百年乡村治理历程，从治理体系构建、治理方式优化等层面入手来推进治理实践或治理模式创新，一直都是基本途径和重要突破口，治理体系调整完善、治理方式创新变革也是发生频次最多和范围最广的，而且也是最容易实现且最能看到效果的策略。正是得益于治理方式创新、治理体系改进，中国共产党领导下的乡村治理体系一直处于优化完善的动态调整之中，乡村治理方式的创新和统合也一直在与时俱进地生发，从自上而下的管制到社会管理而后又走向了社会治理，经历了"松散自治—计划管理—改革放权—三治结合"等治理模式体系，塑就了日渐增强的治理方式合力，助推形成了当今乡村秩序稳定、民众生活幸福的良好局面。一段时间以来，信息技术革命推动下的数字社会正在加速形成，如何切实做好现代信息技术与治理的有效结合，有效发挥科技在治理活动中的支撑能量，越来越成为治理方式创新和治理体系调整的主要方向，而如何结合本地实际不断丰富完善"自治、法治、德治、数治"治理体系，也已成为网络化时代河南各级党委和政府必须直面并积极回答的重大课题。要推进现代化河南建设新征程中乡村治理有效的不断实现，农村基层党组织必须对数字化时代和数字社会发展形势保持清醒的认识，并自觉对接时代更迭中的信息技术革新与技术治理，认真贯彻国家在乡村建设上的"网格化管理、数字化赋能、精细化服务"要求，不断推进乡村信息化治理建设，将"数字化治理"融通于已基本成熟的自治法治德治"三治结合"体系，不断跟随实践发展建构打造党建引领"四治融合"的乡村治理体系，推进乡村治理体系适时完善并不断走向现代化，最终为河南乡村振兴和农村现代化建设实现提供坚实的现代化治理体系保障。

（三）凝聚共治力量、提升乡村治理效能的实践抓手

实现乡村治理有效，是乡村振兴战略的总体要求之一，也是推动乡村社会发展、提促农村现代化建设的最基本的基础。如何不断实现乡村治理效能提升，也一直是乡村治理制度变革、体系机制优化的目标导向。

党的十八大以来，"共建、共治、共享"经由很长一段时间的探索、实践、深化、完善，已逐步发展成为政府部门与社会各界对做好社会治理工作的价值共识，其一个核心要义就是强调社会多方力量参与下的共治。推进党建引领乡村治理"四治融合"体系建设，就是加快构建共建共治共享的现代化乡村治理格局的重要渠道，"四治融合"治理体系为多元治理主体、各类治理力量在党的领导下参与乡村社会事务管理搭建了机制平台，提供了制度通道，能够切实扩大各类社会治理力量参与乡村治理的覆盖面和纵深度，不断提升乡村治理的效果与效能。推进党建引领乡村治理"四治融合"体系建设，有助于从制度建设层面厘清乡村治理的机制和体系设置，进一步强化基层党组织领导乡村治理的核心地位，确保党对乡村治理的领导无空白地带、无缺位错位，将自治、法治、德治等治理思想贯穿乡村治理实践，并统合信息技术手段以强化数字赋能乡村治理，进而吸纳各种治理和监督保障力量来搭建治理方式创新融通的共治平台，以保障乡村治理体系不断适配于乡村实践与发展态势，持续推动乡村治理有效图景的显现。

三 党建引领"四治融合"乡村治理的内在结构关系

随着乡村社会形态、治理实践的发展变化，新形势下的河南乡村治理体系也一直处在动态调整之中，逐渐在扩展数字治理的实践中丰富形成了党组织领导下的"自治、法治、德治、数治"相结合的乡村治理体系。近年来，河南各地都在构建党组织领导的乡村治理体系方面开展了积极有效的实践探索，基层党组织领导下的村民自治、乡村文明建设等实践全面铺开，乡村治理方式和模式创新样本不断涌现。新时代新征程，要想构建好、完善好党建引领"四治融合"的乡村治理体系，使其能够持续良性发展成为推进乡村振兴和治理现代化的基础性保障，就需要对其基本构成、要素间关系等有一个深入的理解和把握，从而更好地认清体系内各要素的功能定位，更好地使其发挥出各自应有的作用和整体融合效能。总体来说，在党建引领乡村治理"四治融合"体系中，党建引领是核心，自治是基础，法治是保障，德治是根本，数治是方向，四治融合是关键。

（一）党建引领："四治融合"乡村治理体系的核心

党的二十大报告指出，"坚持中国共产党领导"是中国式现代化的本质要求之一，"坚持和加强党的全面领导"也是全面建设社会主义现代化国家的重要原则之一。回望中国共产党百余年的乡村治理实践和伟大成就，坚持党的领导亦是其核心秘籍，而强化党的基层组织建设也始终是党推进和深化乡村治理实践的重要抓手。事实上，不管是建党初期革命年代的农村治理、新中国成立前后的基层组织建设，还是改革开放以来的农村社会建设，抑或是新时代以来出台的乡村振兴战略实施意见、加强乡村治理的专项文件，都一再强调要加强乡村治理体系建设，不断健全党组织领导下的乡村治理体系，实现党组织引领下的多元主体协商共治格局。从实践上看，我国已形成了党组织领导下的乡村治理主体组织体系，基本形成了中国共产党"一核"领导与若干主体参与治理的"多元共治"模式。推进新形势下的乡村治理，党的领导和党的建设需一如既往地坚持且加强，把党的领导贯穿乡村治理全域，切实为乡村治理的推进方向正确做好护航，以党建引领乡村治理各项工作的有序展开，从根本上保障乡村治理稳定有序。同时，实现乡村治理有效，首要原则在加强党的全面领导，关键在组织引领乡村治理体系健全完善与运行，以党组织政治引领和协调各方作用的发挥，凝聚多元治理力量以优化治理体系机制、提升治理主体能力，不断推进乡村治理现代化，助推乡村振兴和农业农村现代化的实现。

（二）自治："四治融合"乡村治理体系的基础

历史地看，自治是古已有之的基本治理方式，且在传统社会治理中占据主导地位，有效维持了乡村联结和乡村生产生活秩序。也正是鉴于自治的历史传统和现实有效性，自治一直是维系乡村社会发展、保障乡村治理运转的最基础元素，从"政权不下县，县下唯宗族""乡绅自治"，到"政权下乡""乡政村治"，再到"多元共治"，可以说"自治"始终是不同历史发展阶段下乡村治理体系构建的最原始支撑。从乡村治理体系构建的基础维度上讲，"自治"无疑是治理体系运行与创新调整的根基，村民自治是乡村治理的核心力量和有效实现形式，在推进乡村治理、推动农村发展上起着基础性作用，这也是我国长期以来乡村治理实践发展得出的重要经验。新时代，"三治结合"乡村治理体系也随实践扩展成了"四治融合"。具体来说，"四治融合"乡村治理体系中的"自治"，体现到治理实践中就是村民自治行动，是跟随时代变化和国家政策调整下的村民自治实践深化，不断强化基层党组织建设、农村群众性自治组织建设，持续健全和创新村党组织领导的村民自治机制。推进新形势下的党建引领"四治融合"乡村治理体系构建和乡村治理效能提升，需要跟随治理实践与环境条件变化，持续拓展村民自治实践以稳固基层民主政治制度和维系乡村自治历史传统，激发民众参与公共事务的创造性和主动性，不断提升村民自治能力和基层活力。因为村民不仅是乡村治理的实践者，也是乡村治理效果的体验者，是乡村治理主体格局中最根本、最重要的主体。只有基层居民内生动力强劲、能力充足、精气凝聚，治理实践才会推进迅速且高效恒久，最终趋同于自我治理和自主治理的本质追求。

（三）法治：“四治融合”乡村治理体系的保障

无规矩不成方圆，法律是治国实践中最强有力、最重要的规矩。作为一种治国理念，法治是现代社会治理的重要方式，它以权威性、普适性的法律词条或规则为依据，为事务运行规范、社会公平正义、生活秩序稳定提供最可靠的保障。基于法治这一治理方式的属性，“四治融合”乡村治理体系中的法治也是强有力的底线屏障，其依赖硬性的法律框架或商定的村规民约，规范着乡村生产生活秩序、民众社会关系互动、乡村社会事务管理等，保障了乡村社会发展和治理有序的局面形成。在全面依法治国不断推进的时代潮流中，乡村社会治理与发展理当依法依规进行，乡村法制体系也要随之完善，不断提升乡村治理的法治化水平。推进新形势下的乡村治理实践和乡村治理体系构建，必然无法绕开依法治理这一秩序运行的重要支撑，要坚持法治为本，夯实法治作为“四治融合”乡村治理体系的底线保障，增强维系社会基本秩序的规范力量。走好新时代新征程的乡村善治之路，提升“四治融合”乡村治理体系的“硬实力”，必须坚持依法而治，用法治建设“定分止争”，将个体行为、组织行动都规约在法律框架内，采取科学规范、可预测、有保障的行为模式，从而营造人人遵纪守法、事事依法而行的社会氛围，形成风清气正的治理制度环境。

（四）德治：“四治融合”乡村治理体系的根本

在“自治、法治、德治、数治”相结合的乡村治理体系中，如果说村民自治是乡村治理运行的基础，法治为乡村治理提供制度保障，那么，德治则是从思想文化、价值理念的内潜性维度，支撑着自治、法治等基本治理方式的运转，涵养着它们的拓展前行底色。可以说，德治作为传统的基础性治理方式与手段，一直以文化建设和思想道德为载体，形塑着个体的思维方式、价值观，左右着社会层面的规范形成与社会认同，导引着国家治理的文明趋向，其以内化于心的治理规则认同或自觉主动恪守，最大化地展现治理效果。这一点也是德治区别于自治、法治、数治等治理方式的最明显特征。事实上，其他治理方式发挥治理效果的内在逻辑，也是将外在的规则制度施加于行为主体来遵守，实现各自治理方式的"德化"。从这个意义上来讲，德治可以看作多种治理方式和手段的根本。毋庸置疑，推进新形势下的乡村治理实践和乡村治理体系构建，"德治"是不可或缺的涵养土壤与基础支撑，德治教化是推进乡村治理现代化的思想基础。走好新时代新征程的乡村善治之路，要提升"四治融合"乡村治理体系的"软实力"，坚持德治为本，充分发挥乡村丰富的民俗资源和优秀的文化资源，用道德熏陶、道德教育、道德规约的方式，助推党组织领导的乡村治理体系完善和治理实践深化，不断提升乡村治理效能。

（五）数治："四治融合"乡村治理体系的方向

当今时代，随着信息技术革命的深入推进，数字化的社会和社会的数字化日益凸显，数字化治理也成为推动社会治理创新和实践拓展的最具活力、最前沿的牵引。换言之，数字治理是现代化治理的最显著特质，也是社会治理不断走向现代化的基本方向。在乡村治理广阔的实践场域中，相较于数字治理，自治、法治、德治都属于传统型的治理手段，"数治"则真正是现代化社会的时代产物，信息化、技术化是其开展治理实践的基本模式。应当看到，当下我们面对的是经济社会结构已发生全面深刻变化的乡村，快速流动性社会给乡村治理带来了新挑战，而信息技术的快速发展也彻底改变了人们的交往方式、生活方式，给乡村治理方式创新和效能提升提供了工具支撑。从当前和未来一个时期的乡村治理发展方向看，中央和地方都越来越重视乡村治理的科技承载工作，在强化乡村社会的基础设施建设、信息化平台搭建等方面的着力越来越多，乡村技治水平、治理精细化程度也随治理实践不断跃升。事实上，数字治理应用到乡村治理中，它所带来的不仅仅是治理技术的发展或治理方式的创新，也从整体上推进了自治、法治、德治在各自领域的作用发挥，使得治理主体能够借助科技的力量与效率来更好地开展治理活动，从而在公共服务提供、矛盾纠纷预防调解、社会治安管理等方面，为民众提供更加精准的服务、更优的生活品质体验，提升乡村治理现代化程度和发展质量。

（六）"四治融合"：党建引领乡村治理体系的关键

在党建引领"四治融合"乡村治理体系中，自治、法治、德治、数治都有其位置归属、作用场域、效力呈现，任何一种治理方式得到恰当合理的运用，都可以推进乡村治理实践、促进善治。需要强调的是，自治、法治、德治、数治并不是各不相干、相互对立的关系，而是相互联结、互促互合的关系，在某项治理行动或治理事项中侧重于依赖某一个或某些治理方式，并不能否定四者中的剩余者，乡村治理实践整体或最优治理效果都需要四者间的配合。因此，从实践上看，"四治融合"是具有针对性的，其是与具体实践形态或情景联系起来的适时行动，不是人为地为了融合治理的"撮合"，而是为弥补某种治理模式不足的"互合"。本质上来说，"四治融合"不同于四者的简单叠加，是独立于自治、法治、德治、数治之外的更高更优的治理方式，旨在更快速、更全面、更有效地贯通治理实践，这也正是在治理有效目标导引下促进"四治融合"的关键意义所在。

　　总之，乡村治理体系的构建是一个系统工程，它既牵涉乡村治理结构、乡村治理制度环境，也关联着乡村治理主体、乡村治理实施，是一个理论与实践相结合的过程。综合来看，加强和改进乡村治理，推进新时代党建引领"四治融合"乡村治理体系建设，不仅是实现乡村治理现代化的基本渠道，提升乡村治理效能与质量的重要支撑，也关系着农业农村现代化建设目标的实现，影响着乡村全面振兴战略目标的达成。展望未来，加强和推进新时代河南乡村治理创新，必须坚持党的领导这一基本原则，把党组织的政治引领摆在核心位置，最大限度地激发各类治理主体和各种社会力量参与乡村建设的积极性和创造性，充分利用最新的信息化技术和科技成果，构建"四治融合"的乡村治理新体系，共同推进共建共治共享乡村社会治理格局的构筑进程。

第四章

规范权力运行与乡村治理

在乡村治理实践中，如何规范制约权力、强化民主监督和阳光事务运行，是健全乡村治理制度体系的重要内容。村（居）组织权力虽小，但直接面对群众、关联民生，是人民群众感受最深刻、关注最迫切的权力。村（居）"小微权力"能否正确行使，不仅关乎党的形象和基层政权稳定，也关系着党的路线方针政策和党风廉政建设在基层的落实。规范村（居）"小微权力"是时代所需，也是乡村振兴战略中加强农村基层基础工作的重要内容。

第一节　强化村级"小微权力"规范的时代背景①

党的十八大以来，中央相继进行了"四个全面"战略部署、反腐倡廉、党的群众路线教育等活动，河南省委也提出在基层建设"四项基础制度"。党的十九大报告强调，要"加强对权力运行的制约和监督，让

---

① 本部分内容参见李三辉《乡村治理中"小微权力"的规范及其主要问题——基于河南的实践审视》，《江苏第二师范学院学报》2019年第2期。

权力在阳光下运行""打造共建共治共享的社会治理格局",提高社会治理社会化、法治化、智能化、专业化水平。在全面从严治党向纵深发展的新形势下,如何切实将权力关进制度的笼子,提升党委政府执政能力和社会治理水平成为一个现实且紧迫的课题。对基层工作落实而言,一个突出难题和急于转变的就是村(居)组织权力的规范化运行问题,让村(居)"小微权力"在群众的监督下阳光运行。

一 规范"小微权力"是反腐败斗争的重要组成部分

党的十八大以来,中央将"全面从严治党"上升到事关全局的战略高度,坚持铁腕反腐,将"有腐必反"和"重点突破"结合起来,遏制腐败蔓延的势头。在全面从严治党之下,反腐败斗争形势发生了重大变化,在几年时间内,实现了"反腐败斗争的压倒性态势","不敢腐"的局面正在形成。人民群众对反腐败的认同感越来越高,但期望值也随之提升。过去担心"只对下不对上""只拍苍蝇不打老虎",现在却有"老虎太远、苍蝇扑面"的抱怨。老虎虽大,但并不直接祸害百姓,并且不易成群;苍蝇虽小,但对于群众来说却有切肤之痛,直接祸害百姓。如果说"打老虎"能够振奋人心、提升正气的话,那么规范"小微权力"就是改善社会风气的直观尺度。

"小微权力"的不规范表现为寻租和人为设租。无论是寻租还是设租,其本质都是腐败。权力的设置与行使符合当然之理,就不会存在所谓的租金,人们也感受不到权力的存在,但是在存在腐败问题的前提下,本不应该存在管制的地方就会被设置权力,权力本身会形成所谓的"租金"。从这个意义上说,寻租、设租并不是腐败产生的原因,而正是其结果。"小微权力"的失控同样不在于权力本身,而在于权力的变异,它是特定环境的产物。在不良社会风气之下，非正常的权力不断涌现，公权私用现象大量产生，这才是问题的本质。①

党的十八大以来，党中央提出"治标为治本赢得时间"的阶段性反腐战略，这是基于对标本关系的认识而做出的选择。当"小微权力"的滥用已经成为一种习气的时候，外在的制度安排会由于人的问题而出现问题，如果不消除邪气，就谈不上治本。因此，规范"小微权力"并不是简单地制约权力，而是反腐败斗争的一部分，是实现基层社会长治久安的战略选择。在反腐败大战略之下认识"小微权力"的规范，才能真正认清其现实意义，找到解决"小微权力"失控的具体措施。

二 "小微权力"失控的社会危害

腐败是系统性问题，虽然在各个环节、各个领域表现形式不同，但本质却并无二致。与大型腐败相比，"小微权力"失控的直接经济后果可能并不严重，但是其社会危害却并不亚于前者。

首先，"小微权力"失控严重破坏政府公信力，造成官民隔阂与对立。"小微权力"直接面对民众，权力行使所代表的是官方而不是个体，其失控所造成的影响是全局性的，必然伤及政府公信力，破坏官民关系。当公信力下降到一定程度，就会出现一种极端现象，即"民视官为贪官，官视民为刁民"。"陀西塔陷阱"只讲到了民对官的不信任所带来的危害，并没有涉及官对民的敌对，后者才是更深层次的官民隔阂。

其次，"小微权力"失控严重败坏社会风气。在良性的社会状态之下，权力的设置和运行符合当然之理，人们感受不到其存在，但在权力

---

① 陈建平、胡卫卫、郑逸芳：《农村基层小微权力腐败的发生机理及治理路径研究》，《河南社会科学》2016年第5期。

失控的环境中，人们处处感受到权力的压迫又不得不参与其中，这必然造成日常生活的扭曲，其结果是"羡腐"与"仇腐"同时存在。这种腐败的亚文化一旦形成，"是非观"就会让位于"利害观"，只要存在制约和不对等关系，就会产生腐败。因此，"小微权力"失控的负面效应并不会局限在政治领域，它是社会性腐败的标志，必然会影响社会的各个层面，对社会风气的败坏比一般的腐败事件更为直接。

最后，"小微权力"失控是社会不稳定的重要原因。分析近年来发生的群体性事件就会发现，很多事件都是由"小事"引发的，本来是局部的、只要认真对待就能够解决的问题，最终却变成影响稳定的大事件，其中最重要的原因就在于基层组织的不作为和乱作为。"小事"不能解决，局部问题层层上升，这对于社会来说就是一件"大事"，这说明基层组织无法发挥其应有的作用。社会矛盾可以避免但却没有避免，利益诉求可以解决但却没有解决，"小微权力"成为"大事件"的制造者，这种状况持续下去，必然会进一步危及社会稳定。

第二节　河南规范基层权力运行的实践探索

近年来，河南省积极贯彻党中央关于党风廉政建设的精神要求，在加强民主法治建设和基层权力监管方面进行了积极探索，形成了以漯河"阳光三权"、信阳"四中心一平台"为代表的新机制、新方法、新经验，对解决基层党风政风问题，完善基层社会治理体系有一定的借鉴意义。

一　村（居）"阳光三权"体系

2015 年以来，漯河市郾城区针对村（居）干部权力界定模糊、决策随意、用权任性、监管薄弱等现实问题，回应村（居）基层组织制度建设、权力运行、决策监督等方面存在的突出问题，紧紧围绕省委提出的"基层四项基础制度"，创新方式方法，在全区184个村（居）推行以"厘权""履权""监权"为主要内容的村（居）"阳光三权"体系建设，拓展和延伸党风廉政建设"两个责任"新路子，探索了村（居）组织权力运行新机制。

（一）厘清权力，规范权力运行

一是厘权，厘清村级权力使用范围，实现职权清单化。郾城区组织纪委、组织、宣传、政法、农林、民政、财政、建设、国土、计生等20多个职能部门，按照政策和法律规定，梳理出村级重大决策、采购招标管理、财务管理、阳光村务等11大类27项"权力事项"，大到村民土地征用、宅基地审批，小到出具证明、困难补助申请等事项，一一列出，让干部和群众知道能做什么、监督什么。

二是履权，规范村级权力运行流程，实现用权程序化。郾城区把每一项权力清单的行使过程依法依纪依政策进行分解，统一绘制了党务村务、采购招标、财务管理、计划生育、宅基地申请、救助救灾款申请等11大项27张流程图，让干部清楚"干什么、怎么干"，群众明白"找谁办、怎么办"，最大限度保障了群众对村级组织权力运行的知情权、参与权和监督权，把服务群众"最后一公里"变成"零距离"。

三是监权，监督权力运行公开，确保结果透明化。实现每一项事务的办理流程最后一个环节都要进行公示，保证办理结果公开透明，给予群众和社会最大的监督权、知情权。郾城区积极整合监督力量，构建了"党内监督、行政部门监督、监委会监督、群众监督"等有机统一的监督体系，同时建立村监委定期报告、聘请村（居）纪检联络员等督检制度，确保惠农政策、财务收支、工程招标等各项村务监督无盲区、无死角，确保了村级组织权力始终在阳光下运行。"阳光三权"的核心是规范权力，确保实现村（居）组织职权清单化、用权程序化、结果透明化，把权力关进制度的"笼子"，把权力交到群众的手中。2015 年以来，全区通过"阳光三权"机制新增城乡低保 1352 人，落实自然灾害补助16860 人 173 万余元，农村危房改造 1214 户 932 万元，审议"一事一议"项目 33 个 585 万元。

（二）强化责任，建立联动推进机制

一是齐抓共管聚合力。成立由区委书记任组长、区长任副组长，24个镇（办）、部门负责人为成员的"阳光三权"体系建设领导小组，责任到岗、任务到人，8 名县级干部分包各镇（办），各镇（办）分包村（居），形成了党政牵头、齐抓共管的联动格局，实现了基层党风廉政建设从镇到村的突破延伸，切实解决了基层党风廉政建设"最后一公里"问题，巩固提升了农村基层组织建设和农村治理水平。

二是分级负责抓推动。镇（街道）党委书记是第一责任人，负总责，抓推动；村（居）党支部书记是直接责任人，领导村（居）委会严格按照权力清单和运行流程抓好落实；村（居）监委会主任全程加强对两委班子及其成员的监督。全区重点研究解决群众最关心、最直接、最现实的利益问题，及时化解矛盾纠纷。

三是夯实基础强保障。成立村级组织"阳光三权"体系建设领导小组办公室，下设综合、宣传、督导 3 个工作组，全面抓好工作推进。各镇（街道）也分别成立领导组织，设置专门办公室，指导各村（居）按照"阳光三权"程序强力推进各项村务工作。同时，按照示范村"六有"标准（有阵地、有组织、有流程、有平台、有记录、有氛围），加强硬件建设，区、镇（街道）把办公室经费纳入年度财政预算，为工作开展提供资金保障。

（三）精心组织，全力推动落实

一是立体宣传。召开千人参加的"阳光三权"体系建设动员大会，对村（居）三委主要负责人进行为期3天的专题培训，举办了"阳光三权"知识竞赛，同时通过悬挂过街横幅、建立宣传长廊、开辟报纸专栏等形式，开展全方位宣传，使"阳光三权"入脑入心。同时，在全区村（居）主干道沿线张贴"阳光三权"巨幅喷绘和图解漫画，印发《"阳光三权"体系建设服务手册》12万册，一户一册。

二是搭建公开平台。筹资80万元建立"阳光郾城网"，重点对惠农政策、财务收支、村务活动、涉农资金、便民办事程序和两委任期目标等事项进行公开，群众可以通过手机、网络随时查看各项事务办理情况，参与村里的民主管理。2015年，郾城区4294.35万元农业支持保护补贴、782.85万元农机补贴已全部发放到位；村务、财务公开面100%，累计代管村组集体资金1.65亿元；出具审计报告32份，提出整改意见156条，责令村组干部退还违纪金额28万余元。

三是严格责任追究，发挥村监委会作用。出台村（居）干部违反廉洁履职规定责任追究办法，列出44项责任追究清单，把组织处理、党纪处分与评优评先、干部补贴挂钩，从严追究违规责任。在全区184个村（居）各聘请1名纪检联络员，发放聘书，赋予权力，发现问题可直接到镇纪委、区纪委举报，同时督促村监委会成员围绕人、财、事三方面内容，着重监督重大村务决策、强农惠农政策落实等村务管理执行情况，每月组织召开村监委会主任例会，了解村干部用权用钱情况。活动开展以来，郾城区共对违反廉洁履职规定的村（居）干部立案20起，处分

24名，对工作推进不力、推诿扯皮的5名镇、村干部进行约谈和诫勉谈话。

二 信阳"四中心一平台"阵地建设①

（一）具体做法

2015年，信阳市按照省纪委要求，创新党风政风监督检查机制，在全市各乡镇（办事处）建立"四中心一平台"，即"三资"代理服务中心、村务监督中心、速查快办中心、远程廉政教育中心和纪委书记短信举报平台。其中，"三资"代理中心对村级的财务账目进行规范管理，村务监督中心加强对基层干部权力的制度约束，速查快办中心为群众办事提供快捷服务，远程廉政教育中心定期对基层干部和群众进行廉政教育培训，纪委书记短信举报平台接受群众反映问题。"四中心一平台"环环相扣，共同构建了严密的村级监督网络，巩固了基层党风政风建设基础。以"四中心一平台"建设为重要载体，信阳市深入开展了规范"小微权力"综合治理工作，以平桥区、息县为试点，完善制度、编制流程图、建立台账、规范运作，试点工作取得了明显成效，推进了村级小微权力规范化运行，提高了基层民主自治水平。

（二）现实启示

第一，权力运行规范是密切党群干群关系、改善党风政风的有效手段。"小微权力"规范紧扣村级权力规范高效、公开运行这一抓手，刚性约束基层组织权力运行，促进了权力运行公开化、透明化、规范化，乡、村两级新发生信访事件大幅下降，从而提高了群众对党员干部的信

---

① 本部分内容参见李三辉《乡村治理中"小微权力"的规范及其主要问题——基于河南的实践审视》，《江苏第二师范学院学报》2019年第2期。

任度、满意度，化解和减少了基层矛盾，助推了基层党风政风的不断转变。

第二，村监委是监督基层权力运行的重要主体。推促"小微权力"规范，需要充分发挥村监委会以及广大群众在村务决策、村务公开、财务管理、"三资"管理中的监督作用，让群众在村级事务管理中享有主动权，不断深化村民自治实践，推促村务决策管理的公开透明。

第三，规范"小微权力"是完善乡村治理结构、提升基层社会治理能力的有力抓手。"小微权力"规范下的基层治理架构包括村（居）三委、党员代表会、村（居）民代表会，加强了基层组织建设，规范了权力运行，严格了监督管理，发挥了群众作用，为解决乡村治理结构中的权力集权化、村治行政化、监督虚无化探索了新路径。

三 "阳光漯河"建设

直面河南经济结构的深刻变革、利益格局的深刻调整、社会结构的深刻变动，如何有效深化全面从严治党、强化党风廉政建设、推进社会治理？漯河市近年来积极贯彻中央和省委的决策部署，在加强基层权力监管和民主法治建设方面，形成了一些新机制、新方法、新经验。比如，漯河市郾城区自 2015 年以来，以"厘权、履权、监权"为主要内容在所有村（居）率先推进了"阳光三权"体系构建，培育了"郾城经验"；2017 年，漯河市全面推广"阳光三权"建设经验，以"明权清单化、用权规范化、监权透明化"为核心，打造了"阳光漯河"。可以说，从郾城区先期开创的对"小微权力"的"阳光三权"规范，到"阳光漯河"建设的全面推进，漯河市走出了一条特色鲜明、成效显著的权力运行规范之路。

一方面，从"阳光三权"到"阳光漯河"，是内涵逐步拓宽的丰富提升。作为完善基层治理体系的创新探索，"阳光漯河"在内涵和外延上已不再仅仅聚焦"阳光三权"起步时的村（居）组织权力规范，而是把"阳光三权"作为贯穿全市各板块建设、各环节工作的主线，以"权力在阳光下运行、干部在阳光下工作、群众在阳光下监督、地方在阳光下发展"为目标，着力打造阳光村务、阳光政务、阳光司法、阳光党务、阳光民生，全面构建权责清晰、程序规范、科学高效、公开透明、监督有力的权责运行体系，探索市县乡村"四级联动"的"阳光漯河"建设新模式。"阳光漯河"意在基本涵盖全市所有公权力，进一步完善规范权力清单，实现权力公开全覆盖、权力清单全覆盖，让各级监督、内外监督成环结扣，助推全面从严治党深入、基层治理体系完善、惠及民生需要实现。

另一方面，从"阳光三权"到"阳光漯河"，是先行试点经验的深化推广。2017年以来，得益于"阳光三权"体系建设的前期基础，"阳光漯河"建设被提出、深化和推进，原本着眼于让村（居）"小微权力"在阳光下运行的"郾城经验"正逐步扩展、显现为"漯河模式"，成为在全省率先探索的基层社会治理创新举措，乃至形成可影响全国的宝贵的地方经验。具体到"阳光漯河"对"阳光三权"的深化，一是"阳光用权"全覆盖上的内容极大扩展，二是编制《"阳光漯河"基本设计》上的运行体系更加规范，三是工作机制、保障机制、宣传体系上的制度建设更加完善。

总体上看，"阳光漯河"建设具有四个鲜明特征。第一，重视制度建设与标准化运作，这是开展"阳光漯河"实践的基本前提。第二，以"阳光三权"规范权力运行，这是"阳光漯河"建设的核心要义。第三，全方位推行"阳光事务"，这是"阳光漯河"建设的重要载体。第四，强化组织领导与理顺工作机制，这是顺利推进"阳光漯河"实践的基础保障。

第三节　乡村"小微权力"规范的内在关系与问题[①]

乡村"小微权力"意指村级组织及村干部依法依规享有的村级重大决策、重大活动、重大项目以及资金、资产、资源管理等村务管理权力。村级"小微权力"涵盖面广、涉及内容多，认清"小微权力"的内部结构关系，是透彻理解"小微权力"的前提，也是进一步深化"小微权力"规范运行的必要基础。从实践上看，尽管河南省在规范"小微权力"的探索实践中取得了一些成绩，但由于经济水平、传统文化等因素的影响，在运作过程中也存在一些困境，需要予以重视。

一　"小微权力"规范的内在关系结构

从权力事项的划分看，当前河南地方实践对村级权力事项主要形成了责任主体、岗位职责、村务类型三种结构主线划分：按照责任主体视角，将村级事务分为需要村级集体经济组织成员表决、党员和村民代表会议研究决定、村两委联席会议研究和村干部依法依规办理代办四大类；根据村党组织书记、村委会主任、组织委员（纪检委员）、宣传委员、妇女主任、会计等不同岗位职责，梳理具体内容，列出责任清单、负面

---

① 本部分内容参见李三辉《乡村治理中"小微权力"的规范及其主要问题——基于河南的实践审视》，《江苏第二师范学院学报》2019 年第 2 期。

清单、制度清单和服务清单；根据村务类型不同，将村级事务分为"三资"管理、村级建设、村级工作人员使用、公共服务、党务村务等类别，再进行逐一细化。

从权力运行结构看，党的领导是核心，加强基层党组织建设是首要前提；依法依规开展村民自治和村级事务管理是主体；构建"三级"监督体系是机制保障；挖掘村规民约等传统文化力量是有效的价值补充。四者共同织就了严密的制度牢笼，约束"小微权力"在其中规范运行。

从"小微权力"的监督体系看，监督主体有三个层面：一是下级监督，监督者主要是村民、村民代表和普通党员；二是平级监督，主要是指专门的村级监督机构，即村监委会；三是上级监督，监督者主要是上级相关部门，如乡镇（街道）纪委、"三资"管理服务中心等。①

从"小微权力"规范运行的生命历程看，"清单化权力以明晰—程序化运行以规范—痕迹化管理以追溯—透明化监督以保障—制度化权力以治理"，形成了"小微权力"规范运行的内在循环，也是"小微权力"规范与乡村治理体系完善的关系透视。

二 乡村治理中"小微权力"规范面临的问题

（一）基层治理的运行成本增加

规范"小微权力"运行的设计初衷是规范化、正规化村级事务，但在实际执行中灵活性较差，有些会议召开、表格填写往往会出现为了规范而规范的情况，死抠制度流程，影响工作实效。村级干部普遍反映工作任务比之前重了，工作越来越不好做了。如息县《"小微权力"工作

---

① 褚银良：《"宁海小微权力清单"改革实践与思考》，《政策瞭望》2015 年第 6 期。

台账》要求村干部严格对照流程图，对每项权力的使用情况进行实时记录以建立内容真实、时间及时、简单易懂的基层权力运行记录档案，为村务公开提供资料，为后续问题溯源提供依据。然而，由于村级工作人员文化水平低，村级基础设施配套不足，再加上基层事务的细小琐碎、不规则、季节性、复杂性等特质，"小微权力"规范操作困难，耗费较多的时间成本和人力成本却并不能达到良好的预期。

（二）"限权"与"高责"之下的村干部工作积极性问题

规范"小微权力"是制度化权力运行，本质上不会出现权力变小或缩减，但村干部普遍反映权力受到了很大限制。

一是权力的自由度受限。"小微权力"规范之前，由村干部保管的公章是权力的象征，为"小贪小腐"提供了便利条件。现今村务办理有了明确程序，制度用章、权力规范正成为常态，这就限制了村干部用章的主观性和随意性。

二是工作自由度受限。村级"小微权力"规范了值班制度、办事程序，对工作记录、表格文本等档案材料的要求也越发严格，这增加了村干部日常工作量，也将村干部束缚在了岗位上。与"限权"相伴的是村干部还面临"高责"问题，如息县把"小微权力"规范工作成绩作为干部评先评优的重要依据，对不认真履行村级"小微权力"综合治理的单位和个人进行严肃的批评问责。"限权"与"高责"之下的村干部难免会出现为了应付检查而记录、为了免责而规范的行为，如何保持其工作积极性是一个现实难题。

（三）村监委会的监督独立性难以保证

遵照制度设计，村务监督委员会独立行使监督权，对村民会议、村民代表会议负责并报告工作，不从事具体的村务管理工作。事实是，目前监委会在监督内容、权限和程序等方面都存在一些规范性问题，其监督的独立性境况堪忧。一是监委会对其监督职责不够清晰，有的监委会主任只知道涉及财务报销等手续时需签字确认，而对如何开展工作、落实监督、配合村委会却是一知半解。二是监委会监督的范围有限，村监委会并不列席全部会议，村里通知了才参会。有时村两委将代办事项商定后再告诉他们，村监委成了"空架子"，只能"事后监督"，无法"全程监督"。三是有的村监委会主任由村支部成员、村民代表兼任，实质上变成了自我监督，监督效用大打折扣。

（四）"小微权力"规范工作的宣传力度不够

河南省开展农村"小微权力"运行规范工作尚处于起步和探索阶段，试点工作尚未全面铺开，影响力尚待提高。如息县，由于村级"小微权力"规范运行时间短、区域覆盖少，群众的知晓率、参与率都普遍不高，有些政策村级干部也并不完全了解，甚至个别村仅限于村三委干部知晓，党员群众对村级权力规范运行工作了解很少，这就给工作开展带来了诸多不便，也暴露出对群众宣传工作缺乏系统性和工作人员政策掌握不全面的问题。

（五）村务公开的渠道单一与互联网运用缺乏

目前，村务公开渠道仍以村公告栏为主，短信、QQ、微信等信息载体的扩展度和利用度普遍不高，这与网络化时代、人口高度流动等现实背景不太相符。总体来看，由于大多农村网络基础设施建设尚不完善，家用互联网的覆盖面较窄，村级在利用网络开展工作方面还很欠缺，有的村网络信号较差，影响了工作效率；有的村虽然建立了村民微信群或党员联系群，但缺乏日常维护和沟通；有的村甚至未通网络，很大程度上限制了工作的开展。

第四节　以"阳光权力"推动乡村治理效能提升

近年来，从中央到地方，预防和整治"小微权力"腐败问题越来越受到高度关注。规范乡村"小微权力"，不仅是新形势下推进基层社会治理、维护社会和谐稳定的现实需要，也是实现治理有效以推进乡村振兴的内在要求。新时代，深化乡村"小微权力"规范、提升乡村治理效能，一个最直接有效的途径就是不断强化村级权力监督，让乡村"小微权力"在阳光下运行。

一　以"阳光三权"为人民用权

从近年来频发的腐败案件看，社会治理场域内腐败问题的本质是公权力滥用。具体表现为，在权力运行过程中，不同程度地存在过大滥用、幅度过宽、绩效低下、程序无章等不规范现象。权力运行不规范，不仅会削弱党和政府的社会公信力，而且损害政策法规的公正权威，打破公平正义、守规诚信的社会秩序。要破除"公权不为我所用就不称职"的异化思想，让权力行使不再"任性"，需要建立长效的权责运行机制，确保"公权一定姓公"。

一是以"明权清单化"让权力事项不遮掩。认清拥有什么权力，才能清晰权力公开范围。要明确权力清单并统一梳理标准。从权力名称、权力类型、行使主体、承办机构、实施的法律依据等方面，逐级列出权责清单和权力运行流程图，覆盖村级组织权力清单、依申请行政权力事项、党委权力目录、司法权力目录等，让党内外监督有"目标"，提高公权行使的权责清晰度和群众监督的精准度。

二是以"用权程序化"让权力行使依规不越界。统一制订、悬挂权力运行流程图、办事指南，明确权力运行的程序、环节、过程、责任，让干部知道"干什么、怎么干"，群众清楚"找谁办、怎么办"，以权力的阳光运行给群众一个明白，还干部一个清白，防止不作为、乱作为、胡作为。

三是以"监权透明化"让结果公开公正不打折。亮明权力监督准则，既线上公开，又线下公开；既公开权力清单，又公开权力流程，让服务对象网上能找到、办事场所能看到。依托"阳光漯河网""互联网+政务服务"平台建设来构筑宣传平台、公开平台、办事平台和监督平台。通过公开公示职能清单、服务流程、办理结果，将权责在阳光下运行，保障群众的知情权、参与权和监督权。同时，注重构建党内监督、派驻监督、巡察监督、中层监督、"小微权力"监督、群众监督的监督体系，加强对"一把手"、中层干部尤其是重点领域、关键岗位的监督。

二　以"阳光作业"共创美好乡村社会

权力阳光运行，工作公正透明。着眼于"权力在阳光下运行、干部在阳光下工作、群众在阳光下监督、地方在阳光下发展"的目标，要切实打造阳光村务、阳光政务、阳光司法、阳光党务、阳光民生，实现公权力"阳光作业"全覆盖。

一是要抓好"阳光村务"。通过细化村级权力事项，拓展村务公开覆盖面，规范村务公开程序，开好"两道会"，做好"两公开"，确保重大决策、惠民事项等的研究实施"程序合规，过程真实"。同时，强化村监委会建设，与村两委同步参与村级工作，实现全程监督。发动群众自主监督，查看公示结果，发现问题及时反馈，实现民主监督。

二是要推进"阳光政务"。按照进一扇门、办所有事，上一张网、办所有事的要求，加快"互联网+政务服务"平台建设，实现"让数据多跑路、让企业少跑腿、让群众一次办妥"。

三是要深化"阳光党务"。遵循党的十九大精神和《中国共产党党务公开条例》，探索党务全面公开，规范公开的内容、范围、程序和方式，衔接党务公开与政务公开。

四是要铺开"阳光司法"。坚持应公开尽公开，以人民群众的司法需求为导向，依法审判、检察、办案，构建开放、动态、透明、便民的司法新机制。

五是要拓展"阳光民生"。以群众关注度高的社会公益事业为重点，围绕脱贫攻坚、社会救助、社会福利、教育、医疗卫生等重点领域及民生项目和资金全面梳理公开事项，着力保障和改善民生。

三 以权力阳光运行提升乡村社会治理"四化"水平

一是以"监权透明化"提高乡村治理的社会化水平。随着社会主体日益多元化，提高乡村治理社会化也是时代发展所需。线上线下实施"监权透明化"，既刚性约束公权阳光化使用，探索延伸了党风廉政建设，也有利于充分保障群众的知情权、监督权，发挥社会公众力量的协同治理作用，赢得群众的普遍认同和支持。

二是以"用权规范化"提高乡村治理的法治化水平。依法治理社会的精神内涵就是要依规、守规、用规。规范化权力运行有助于推动政府依法行政，增强党员干部用法治思维方式开展社会事务治理的能力，推促全社会形成厉行法治的理念意识、实践行动，有效维护群众的合法权益，维持社会大局稳定，保障乡村社会的公平正义。

三是以网络平台搭建推促信息公开，提高乡村治理智能化水平。一方面，通过建设阳光化的公共事务服务网站，实现党务、政务、村务、司法等权力事项流程线上公开以利企便民、服务大众；另一方面，着力建设覆盖全体、整体联动、部门协同、一体化办理、省市互通的"互联网+政务服务"技术和服务体系，提升政府治理体系和治理能力现代化水平。

四是以人才队伍建设提高乡村社会治理的专业化水平。事靠人为，事在人为，治理目标的实现最终要靠人去落实，而着力建设一支高素质的人才队伍则是深化治理实践的主体保障。首先，要配齐人、稳住人，保障因推进乡村建设和治理实践需要所抽调的人员完全脱离原单位开展工作，同时为其提供必要的条件支持。其次，搞好业务人员培训，采取以会代训、重点培训、分批培训等多种形式，使干部和群众对"阳光权力建设"的相关政策做到真正理解。尤其是要做好基层培训工作，对所有村组干部、群众代表进行培训和业务知识讲解，重点培训村支书、村主任、村监委会主任，使其明白权力界线、工作流程、纪律要求等。最后，选对人、用好人，着力建设德才兼备的高素质执政骨干队伍，加强对党员干部的教育监督，激励干部担当作为，引导党员干部堂堂正正做人、老老实实干事、清清白白为官。

第五章
文化建设与乡村治理

在悠悠 5000 年的中华文明史中，农村及其所孕育的农耕文明与农耕文化始终占据着重要位置。农耕文明是中华文明的基础内容，乡村文化也成为中华民族传统文化的重要载体。乡村文化作为乡村社会的精神纽带，其不仅调和着乡村社会的人际关系和行为规范，也标定着乡村社会的价值内核，对乡村发展和乡村社会秩序影响深远。一段时间以来，随着社会变迁和城市化进程的推进，中国的乡村社会形态和社会结构发生了深刻变迁，在乡村治理中，文化失序问题不断凸显，亟须加强新形势下的乡村文化建设。进入新时代以来，党中央把推进文化建设和增强文化自信提到了新高度，并在实施乡村振兴战略中将"乡村文化振兴"定位为灵魂工程，强调要繁荣兴盛农村文化，接续做好优秀传统文化的传承与发扬。事实上，乡村文化建设一直都是乡村治理实践的重要内容，是"德治"的基础支撑，也是当前加强和创新乡村治理、健全乡村治理体系、提升乡村治理能力的基本渠道，对推进新时代乡村治理实践发展至关重要。

第一节　时空变迁下的乡村文化发展[①]

乡村文化是中国文化的内核基础和标志。历史地看，乡村文化作为乡村社会的精神纽带，曾在传统社会治理中发挥过巨大作用，它辐射乡村生活的各个方面，深刻影响乡村成员的思维方式、行为方式，左右乡村价值规范的形成和日常生活行动的开展。然而，考究乡村文化的"历时"和"现时"，不可否认的是，一段时间以来，"衰落"已成为乡村文化的当下生存状态和客观事实。近年来，每逢春节之际，社会上似乎又多了一种庆贺新春的方式，即以"返乡记"为代表的乡村社会故事叙说，其背后是对乡村社会结构转型、乡村日常生活变化、乡村文化变迁等的真切观照。故事的讲述人来自不同群体，既有提出"留得住绿水青山，记得住乡愁"的中央高层，撰写"返乡记"的专家学者，也有为展示乡村图景与怀旧而撰文的居民大众，主题却有着一致之处——乡村文化与乡村社会发展。不可否认的是，如今乡村文化面临着衰落事实和亟须振兴的时代要求，切实做好新形势下的乡村文化建设尤为紧迫。为做好新时代乡村治理工作，我们首先需要对乡村文化的变迁有一个全面的把握，从历史发展中认清乡村文化的当代形势与推进方向，以期更好地发挥乡村文化在治理实践中的功能与作用。

一　"历时"：近代以来的乡村文化动态变迁

近代以来，中国乡村文化开始呈现衰落之势，这与封闭社会环境的

[①]　本部分内容参见李三辉、范和生《乡村文化衰落与当代乡村社会治理》，《长白学刊》2017年第4期；李三辉《乡村忌讳：一种渐行渐远的乡村记忆》，《安庆师范大学学报》（社会科学版）2017年第5期。

改变有很大关联，因为在缺少外部环境影响的情况下文化遵循自己的内生和传承循环。民国时期，中国的现代化逐步展开，中西文明的交流和碰撞日益频繁，新文化运动极大地影响了中华文化的发展，乡村文化不可避免地也遭遇到冲击和洗礼。新中国成立以来，党和政府高度重视农村建设问题，经济建设也首先从农村开始，农村文化得到了恢复和保护。

如果说上一个时期的乡村文化由政治主导变迁，那么，因经济发展而造成的乡村文化衰败则主要体现在改革开放以来。"以经济发展为中心"成为全新的强势话语，各地的乡村文化建设也围绕这个中心，实行"文化搭台、经济唱戏"的策略，而如何引导乡村文化资源对接现代文明，培育地方发展新优势，成为乡村经济增长新的着力点。然而，在历史变迁、文化破坏、环境恶化、信仰缺失、规则失序、贫困持续的基础上，中国社会又遭遇市场经济原则的强烈刺激，功利且短视的思潮涌动给文化和社会环境带来了新的、更为严重的击打。可以说，伴随着时代变迁，当前农村社会形态和社会结构已发生颠覆性调整，急剧的农村社会巨变给乡村文化带来了深刻影响，社会变迁下的乡村社会边缘化、乡村文化虚化、乡村价值空心化现象趋于严重，其具体呈现，一是乡风民俗，一个日益飘零的文化存在；二是乡村忌讳，一种渐行渐远的乡村记忆；三是乡绅，一个消失的乡村精英阶层；四是礼治式微，乡村内部治理秩序的难支；五是价值多元，传统与现代的文化张力；六是"桥头"议事，消亡中的乡村公共空间治理日常；七是规范无力，乡村文化的时代转向堕距。更进一步说，乡村文化共同体受到严重冲击，风土习俗、惯习民规、道德伦理等主要文化形式的治理力量趋于弱化，乡土人情趋于冷漠，乡村社会凝聚力弱化，乡村社会认同降低。一方面，新的生产关系、社会关系、社会风气在不断塑就；另一方面，农村治理中的文化衰败、文化失序问题不断凸显，乡村文化建设面临一些路障。近年来，随着社会变迁速度的不断加快和程度的不断加深，乡村社会问题层出不穷，其表现形式也日益多样，这些问题与乡村文化存在诸多关联，因此也引发了大量的社会关注，尤其是在适逢佳节的返乡潮时期。"返乡记"已成为乡村文化变迁过程的讲解者和见证者，而"返乡"本身也是一种文化行动，是中国人依照文化习惯、遵循寻根文化的生活方式。

二 "现时"：当代乡村文化的生存状态

生在乡村，长在乡村，对乡村社会生活有着真切体验，也就有了诸多的乡村记忆。说是记忆，其实也是自己或一代人的生活史，这不单包括地理环境、住宅布局、人口数量和密度、人与人的交往方式、人们的出行方式等物质层面的社会事实变迁，更有道德理念、伦理习惯、乡风民俗、宗教仪式、忌讳规范等非物质性文化方面的心理体验。

(一)乡村忌讳：一种渐行渐远的乡村记忆

谈起乡村忌讳，大多数人的反应是数量较多，但要现时现刻地列举出一些忌讳也绝非易事。这一情况普遍存在于我的访谈过程中，收集一些忌讳俗语的详细情况，往往需要我对访谈对象进行二次访谈或多次追问。正如"你这叫我猛一（冷不丁）给你说，我还真想不起来"那样，多数人进行乡村忌讳回忆时，无法瞬间打开思绪。这并不是说访谈对象不合适、不了解或不熟悉乡村生活。恰恰相反，正因为他们太过于熟悉乡村文化，乡村忌讳充斥在日常生活世界里，习以为常便视而不见或未加留意。

生活在乡村社会中，当你试图询问或解释一些事情时，总能听到如此回答："就是这样的规矩，祖祖辈辈都是这样过来的。"乡村忌讳何尝不是，它属于乡村社会的一种文化表现，本质上是一个文化传承问题。忌讳的直白表述是"不好的东西"或"不受鼓励的行为"。不难发现，一系列忌讳俗语正是演化自"这样做或那样做不好"的言说书写。根据意义指向，我将忌讳俗语大致归为安全教育、道德规范、社会行为三大类。

在安全教育方面，又可细分为谎言式和恐惧式两类忌讳语。"骑狗不好，会烂裤裆""河边玩会被水鬼拖下水"等都是谎言式安全教育的例子。谎言式俗语的代代相传，在于它比实事求是的教育引导更适合彼时年龄和天性的孩子，更能被理解并发挥出警示效果，即实用性和有效性切合了孩童的安全教育需求。之所以将"玩火不好，会尿床""踩影子不好，会长不高"等归类为恐惧式教育，是因为它的作用产生植根于"恐惧"心理。此类禁忌语的效果如何直接源于"吓唬"，因孩子的懵懂无知，吓唬会在特定情境下引发心理恐惧，从而起到震慑作用，延阻不当行为的发生。

在道德规范方面，忌讳语也有塑造道德规范、培养品格习惯两大功能。以"偷人家针线，长个雀眼让人家看"这一禁忌语为例，目的是为了教育个体不偷不抢、诚信做人。而"剩饭根，饿断筋"是一个在餐桌上使用率比较高的禁忌语，其目的性明确且现实感强，它的谎言叙说和恐惧场景的宣扬都是为培养勤俭节约的品格做铺垫。且不管这类俗语逻辑性和科学性的有无，因为正常的逻辑思维和科学规律考证并不是重点，也不是禁忌语生命力的源点，其实用性和目标意义才是禁忌语的传世支撑。

在社会行为层面，人们日常生活的一个主要内容就是处理社会关系，包括人与物、个人与他人、个人与自身的关系。透过俗语"五月里不兴

（能）打长路（长路：蛇的方言。据说每户都有一条看家的蛇）""不能打家长路"，能阅读出人与自然关系的思考，蛇在一些地方被尊称为"小龙"，而"龙"是中国社会的图腾。虽然是指明了护蛇，但一种和谐性生态意识的树立会潜移默化地扩展至整个自然界，一条条禁忌语如同一个个传说被世人接纳，并历经岁月长河而传颂至今，影响着人类同自然界的关系形态。而诸如"吃饭时敲碗是骂类"这些用餐忌讳，都是要规范个体行为，饭桌作为中国人借以交谈事务、开展人际互动的一个重要平台，是许多社会关系建构所不可或缺的基础。转至与自身的关系，禁忌语"三更半夜照镜子会见到鬼"是一种恐怖想象，但恐怖不是目的，只是达成目标的一种手段，即告诫人们要遵守人体的运行规律，养成合理的作息安排，有计划性地开展社会活动。

乡村忌讳植根于乡村社会的生活日常，其产生和作用场往往同生活情境相联结，这也是多数乡民一时想不起来忌讳语的原因：脱离了生活情境。懵懂无知的孩童对乡村忌讳保持着神秘感和畏惧感，一个个简单的善意谎言、一条条无根据的禁忌语句都成了行为规范，彼时的我们从未质疑，此时的我们会心一笑并将之传递。正是如此质朴的教育开启了乡村孩童的个体社会化、安全教育和道德规范教育。只不过，当下乡村社会的生活基础、生活方式、交往方式都发生了巨大变化，乡村忌讳的出场频率和作用效果正在发生转变，也渐趋成为几代人的乡村记忆。

（二）乡风民俗：一个日益飘零的文化存在

乡风民俗属于精神文化的范畴，它难以用具体事物来呈现，但它指导社会互动，表现为知识、道德规范、礼仪制度、信仰、价值，以及各种各样的艺术形式。从某种意义上来说，乡村禁忌是乡风民俗的一部分，可以看作人类在乡村社会中开展生产生活所衍生的习俗。渐行渐远的乡村禁忌也昭示了飘零的乡风民俗，不仅如此，风俗节日在当今社会的展现形式、表现方式也发生了巨大变化。风俗节日越来越物质性、实用性，抛弃了仪式性、文化性。更进一步说，社会转型和城镇化大背景下的乡风民俗已日趋飘零。

一个显著的表现是仪式文化缺场。中国是一个拥有众多节日的国度，节日贯穿全年，比如春节、元宵节、清明、端午、中秋、重阳，这与悠久的农耕生产活动和生活方式有重大关系。每个传统节日都有配套的礼仪、规矩，甚至举行盛大的庆祝活动，仪式中所包含的文化意义或者文化所要求的仪式展示都必不可少。然而，节日在乡村社会的现时存在则是愈加注重物质和实用，日益抛弃仪式和文化。春节当属中国人最重要的节日，其在乡村社会的展现形式也发生了深刻变迁，日益简化和"失宠"的拜年行动就是一个明证，即实用性的衡量猛烈冲击了文化的仪式性，仪式性的弱化增加的是人际关系、乡土人情的渐趋疏离，扩散"越不亲，越不亲"的生活状态。不止于春节，泛物质化的庆祝使人们很少关注节日的源起、初衷，以及要传递的意义，鲜有人在意"为什么过节"。人们考虑的是"怎么过节，过什么节"，于是，以消费、送礼为内容的活动似乎回答了为什么过节的问题。我个人不反对消费，也不排斥人情往来，并认同人情往来是维持社会关系、积累社会资本和扩展社会空间所不可或缺的手段。但是，过度失衡的异化消费现象越来越多，这应该引起人们的注意和重视。

值得注意的是，如果节日多一点文化性，少一点世俗性；多一点习俗规约，少一点暗道潜规；多一点人情关切，少一点功利苛求，那么节日的人情味也许会高于铜臭味，合理性也许会多于盲目性，生活性也许会优于争斗性，这恐怕是节日习俗和仪式习惯想要传达的真实目的，才是对"为什么过节"的恰当回答。有一点很明确，一些习俗的灵魂和存在基础就是仪式化形式，脱离了仪式就失去了意义和内涵，甚至部分乡村文化的仪式比内容更重要。

另一个突出的表现是民俗传承渐亡。乡村社会存在有种类繁多的艺术形式，比如地域曲艺、民间杂技、特色方言、区域性传统手艺和各式各样的民俗，它们一直都在乡村文化中占有重要地位。事实上，以民俗为主体的非物质文化对民众的思想观念、道德习惯和社会行动起着重大作用，调节着乡村交往方式、生活方式和秩序。一些民俗礼仪指导着个人的生命发展，是民众开展家庭重大事项活动、完成社会公共生活的总则。然而，一个事实应当承认，传统社会所留存的民俗文化在乡村社会生活中的地位和作用正日渐式微，文化传承也遭遇前所未有的挑战。其中，威胁农村文化安全的一个关键是缺位的文化传承人，传承人面临断层。同时，农村年轻一代和整个社会主流思潮所表现出的对城市文明的追捧和对农村文化的离弃，是对农村文化传承的最大冲击。①

三　研究进展：乡村文化建设的接续探寻②

作为拥有悠久农耕文明和广阔农村地域的中国，中国社会学对乡村文化保持着持续研究，如今乡村文化面临着衰落事实和亟须振兴的时代要求，关于乡村文化建设的讨论也从未停止。

一是乡村文化意蕴被学界给予了充分论述。历史地看，乡村文化是一个富有历史性的动态概念。它曾被表述为"小传统文化"和"农民文

---

① 范和生、李三辉：《论转型期的农村社会安全》，《长白学刊》2014 年第 3 期。
② 本部分内容参见李三辉《乡村文化振兴的现实难题及其应对》，《长春理工大学学报》（社会科学版）2021 年第 1 期；李三辉、范和生《乡村文化衰落与当代乡村社会治理》，《长白学刊》2017 年第 4 期。

化"，强调的是农村社会在整体社会政治经济结构中特有的文化内涵。比如，梁漱溟就把"乡村"看作一个价值的共同体或生活世界；费孝通认为中国文化是"土地里长出来的文化"①，可以被称为"乡土文化"。基于同农村文化、城市文化的比较，赵旭东等将乡村文化界定为"在乡村社会中，以农民为主体，以乡村社会的知识结构、价值观念、乡风民俗、社会心理、行为方式为主要内容，以农民的群众性文化娱乐活动为主要形式的文化类型"②。综合来看，虽然乡村文化的定义没有被统一，但乡村文化、乡土文化、农村文化和村落文化往往互称互指。关于乡村文化的构成和基本内涵，刘铁芳认为有两个层面，"一方面是独特的乡村生态景观及其之上的居民劳作与生存方式，另一方面是相对稳定的乡村生活所孕育、传递的民间故事、文化与情感的交融"③。张中文认为，乡村文化是乡民在长期的生产与生活中所逐渐形成并发展起来的一套心理、思想、观念和行为模式，以及为表达它们而制作出来的种种成品。④其内化形式为乡民的情感心理、思想观念、人生态度、行为习惯，而民风民俗、典章制度和生活器物则是其外显内容。以善良、淳朴、亲情、善恶分明等为代表的伦理价值理念是乡村文化的核心，也正是由于拥有这些伦理价值，乡村社会维系着和谐与稳定。整体上看，乡村文化包含两个层面：其一是在乡村基本空间上形成的自然生态景观及日常生存生活方式；其二是一种历时性文化系统，包括作为主体的乡村传统文化和伴随时代变迁而形成的乡村现代文化。

---

① 费孝通：《土地里长出来的文化》，载《费孝通文集》第四卷，群言出版社，1999，第176~180页。

② 赵旭东、孙笑非：《中国乡村文化的再生产——基于一种文化转型观念的再思考》，《南京农业大学学报》（社会科学版）2017年第1期。

③ 刘铁芳：《重新确立乡村教育的根本目标》，《探索与争鸣》2008年第5期。

④ 张中文：《我国乡村文化传统的形成、解构与现代复兴问题》，《理论导刊》2010年第1期。

二是乡村文化与乡村治理研究。有学者认为与时传承的道德伦理、习俗和文化，超越了经济与政治，是构筑中国乡村治理的内在基础。[①]因此，一些学者试图通过加强乡村文化建设来推进乡村治理，整合社会主义核心价值体系，拓展新型乡村文化，[②]探寻乡村治理的文化路径[③]。在乡村文化与乡村秩序发展上，许多学者都认为，传统社会下的乡村文化以独特的秩序意义规约民众行为，它不仅以生态智慧建构美好家园的"生活秩序"，也以道德交往维续心灵家园的"精神秩序"，更用约定俗成的非制度性规范催生"自觉秩序"。[④]

三是时空变迁下的乡村文化，特别是改革开放以来的社会巨变给乡村文化带来了显著影响。历史地看，乡村文化在近代开始大步走向衰落，新中国成立后乡村文化建设得到一定的恢复，伴随着改革开放40多年来的制度安排，乡村文化经历了"城乡对立阶段的衰落—城乡统筹阶段的变异—城乡融合发展的自觉"时代变迁。近些年来，国家极其重视农村问题，废止了延续上千年的"皇粮国税"，新农村建设上升为国家战略；中央连续出台政策以改善农村状况，覆盖城乡的公共文化体系框架基本建立，实施了"农家书屋"等文化下乡活动，丰富了乡村文化休闲，既拓展延伸了公共文化服务，也促进了城乡文化互动互进；同时，文化保护单位数量在增加，文化遗产保护力度在加大，生态保护区的建设也在逐步推进。但是，也有一些学者认为，现代化发展进程中的城市文化特别是消费文化的盛行，不断渗透并猛烈冲击着乡村社会的文化体系，使

[①] 肖唐镖：《乡村治理中农村宗族研究纲要——在实践中认识农村宗族》，《甘肃行政学院学报》2010年第1期。

[②] 张英魁：《社会主义先进文化的乡村社会化与乡村文化重构》，《长白学刊》2009年第6期。

[③] 李三辉、范和生：《乡村文化衰落与当代乡村社会治理》，《长白学刊》2017年第4期。

[④] 赵霞：《"三化"进程中乡村文化的秩序乱象与价值重建》，《安徽农业科学》2011年第12期。

乡村文化日趋边缘化，传统乡村伦理价值遭遇解构，乡民的精神生活渐渐走向荒漠化；[①] 快速推进的工业化与城市化不断解构乡村文化的秩序价值，消解乡村文化的认同基础，碎片化传统道德，使乡村精英的标杆意义日显衰落。[②] 也有部分学者表示，城乡一体化进程中的乡村文化生存困境有内外两方面原因，城市文化的强势扩张带来乡村文化主体的空心化、乡村文化日益边缘化、乡村文化认同感疏离和价值多元化，而文化环境的封闭性、文化人格的依附性、文化变革的滞后性则从内部制约着乡村文化发展。[③] 综合来看，现代进程中的乡村文化，一方面，遭遇到"破坏有余"而"重建不够"的历史命运，乡村文化趋向边缘化；[④] 另一方面，社会变迁和国家政策调整左右乡村文化走势，农村文化与城市文化、现代文化融合互动，特别是当前乡村振兴战略又强调繁荣兴盛农村文化。[⑤]

四是多维度探索乡村文化建设路径。有些学者主张从价值重建入手，用社会主义核心价值观指引乡村文化建设，[⑥] 建立乡村文化与城市文化的"互哺"机制，对传统乡村文化进行再认同，[⑦] 建立健全相关乡村文化法律制度以重建乡村文化自信。[⑧] 有些学者认为需重塑乡村文化主体，

---

① 刘雨：《重建乡村文化：培育乡村教育的精神之根》，《教育科学论坛》2011 年第 7 期。
② 赵霞：《"三化"进程中乡村文化的秩序乱象与价值重建》，《安徽农业科学》2011 年第 12 期。
③ 沈妩：《城乡一体化进程中乡村文化的困境与重构》，《理论与改革》2013 年第 4 期。
④ 沈小勇：《传承与延展：乡村社会变迁下的文化自觉》，《社会科学战线》2009 年第 6 期。
⑤ 高静、王志章：《改革开放 40 年：中国乡村文化的变迁逻辑、振兴路径与制度构建》，《农业经济问题》2019 年第 3 期。
⑥ 张英魁：《社会主义先进文化的乡村社会化与乡村文化重构》，《长白学刊》2009 年第 6 期。
⑦ 欧阳雪梅：《振兴乡村文化面临的挑战及实践路径》，《毛泽东邓小平理论研究》2018 年第 5 期。
⑧ 胡元蛟：《乡村文化振兴政策演进的阶段性特征——基于中央一号文件的政策文本分析》，《中共合肥市委党校学报》2019 年第 1 期。

促进新型乡绅阶层产生，^① 以政府、社会、农民群众的合力，培育挖掘乡土文化人才，培育乡贤文化，^② 推动乡村文化振兴。有些学者表示要加强乡村文化的传承创新，^③ 坚持先进文化引领，在文化创新中凸显乡村文化个性，传承创新乡村文化以推进农村新文化建设^④。有些学者主张结合治理视角振兴乡村文化，重构乡村文化再生空间与内聚功能，^⑤ 从聚人气、兴产业、促建设、强教育、育组织五方面着手，通过优化公共文化服务体系、完善农耕文化传承体系、建构现代文化产业体系、创新乡村文化治理体系，为乡村振兴提供文化推力^⑥。

应当说，专家学者在乡村文化和乡村文化重构上取得的研究成果具有很高的学术价值，但总体来看，其分析乡村文化衰落多聚焦城市化进程的猛烈冲击，乡村文化的重构与乡村社会治理的结合还尚需深化研究，同时专门探讨乡村文化振兴的研究成果还不够丰富，多是将其作为乡村振兴的一个基本内容来释义，并以此论证繁荣乡村文化的意义和推进乡风文明建设，至于乡村文化建设的基本目标、面临的困境以及如何实现文化振兴则尚未展开深入探索。在乡村振兴和城乡融合发展的大背景下，我们推进新时代乡村文化建设与乡村治理，必须聚焦新时代新征程对乡村发展、乡村文化建设、乡村治理的新要求，改变"城市＝先进、乡村＝落后"的思维定式，重新认识和挖掘乡村文化价值，充分把握文化在社会治理中的地位和作用，以乡村文化振兴面临的基本问题为抓手，激发优秀乡村

---

① 季中扬：《乡村文化与现代性》，《江苏社会科学》2012 年第 3 期。
② 冯俊锋、唐琼：《试论乡贤回归与乡村治理》，《四川行政学院学报》2017 年第 2 期。
③ 刘年艳：《用传承与创新推动农村新文化建设》，《农村工作通讯》2017 年第 5 期。
④ 沈妩：《城乡一体化进程中乡村文化的困境与重构》，《理论与改革》2013 年第 4 期。
⑤ 高静、王志章：《改革开放 40 年：中国乡村文化的变迁逻辑、振兴路径与制度构建》，《农业经济问题》2019 年第 3 期。
⑥ 李国江：《乡村文化当前态势、存在问题及振兴对策》，《东北农业大学学报》（社会科学版）2019 年第 1 期。

文化的时代活力，以文化繁荣助推乡村振兴和乡村社会发展。

第二节 河南推进乡村文化建设的时代形势

中国特色社会主义步入新时代，中国乡村社会发展也由乡村振兴战略的党的十九大提出而进入新的发展阶段，该战略已经成为今后一个很长发展运行阶段内做好"三农"工作的纲领性导引，乡村振兴必然是现代乡村社会结构转换、乡村治理发展、乡村社会形态塑造的主推力。与党的十九大精神相呼应，2018 年发布的中央一号文件《关于实施乡村振兴战略的意见》、《乡村振兴战略规划（2018～2022 年）》，2019 年发布的中央一号文件《关于坚持农业农村优先发展做好"三农"工作的若干意见》、《关于加强和改进乡村治理的指导意见》等制度文件都集中聚焦"乡村振兴战略"，推进乡村振兴战略被列入党和国家工作的重要日程。在此背景下，河南省也结合实际出台了《关于推进乡村振兴战略的实施意见》《河南省乡村振兴战略规划（2018～2022 年）》等政策文件。按照乡村振兴所擘画的光辉前景，河南乡村发展的目标指向是"产业兴旺、生态宜居、乡风文明、治理有效、生活富裕"，未来的河南乡村建设是政治、经济、文化、社会、生态和党建统筹协调的发展格局，未来的乡村振兴要实现的是全方位的整体性振兴，包含组织、人才、文化、产业、生态五大层面。显而易见，文化作为乡村社会发展的内在价值支撑，乡村文化振兴是推进乡村全面振兴绕不开的基本内容，乡村文化振兴是乡村振兴的灵魂工程，乡村文化的振兴发展程度直接关系着乡村振兴战略全局目标的推进与实现。新时代新征程，乡村文化建设和振兴事业必须不断得到强化和提升，这既是助推乡村振兴的内在要求，也是加强新时代河南乡村治理的重要载体，关系农村社会治理质效、文化强省建设和现代化河南建设全局的乡村文化，正迎来繁荣兴盛的最好时代机遇。

一 乡村振兴战略中的文化振兴

（一）党的十九大以来的乡村文化振兴基本论述

2017 年党的十九大是中国经济社会发展和社会跃进过程中的重要会议，对于中国广大的农村地区乃至城乡发展，乡村振兴战略无疑是重大方向导引，它谋划的是国家治理发展、社会主义现代化进程中的城乡重大历史任务。乡村文化振兴作为乡村全面振兴的重要方面，乡村振兴总目标中的乡风文明也是乡村文化建设的纲领性要求，意在繁荣兴盛乡村文化，塑造新时代乡风文明格局。《中共中央　国务院关于实施乡村振兴战略的意见》明确指出，乡风文明是乡村振兴的内在保障，要不断培育文明乡风、良好家风、淳朴民风，着力推进公民道德建设工程，不断挖掘乡村地区的德育思想资源，强化农村的思想道德建设；做好农村优秀传统文化的传承、发展、创造转化工作；丰富乡村公共文化，健全乡村公共文化服务体系；持续推进新时代乡村移风易俗，加大农村精神文明建设力度。[①] 随后，《乡村振兴战略规划（2018～2022 年）》更是用一个篇章的内容论述了"繁荣发展乡村文化"，阐释了推动乡村文化振兴要增强社会主义核心价值观对文化发展的引领力，要维护好传承中华优秀传统文化的核心地位，建设好新时代乡村文化发展的公共载体和拓展平台，以文明的乡风、优良的家风、淳朴的民风为乡村文化建设营造良

---

① 《中共中央　国务院关于实施乡村振兴战略的意见》，中国政府网，https://www.gov.cn/gongbao/content/2018/content_5266232.htm。

好的内外环境。① 2019 年的中央一号文件也再次强调要切实加强农村不良社会风气治理，推进农村精神文明建设。

习近平总书记始终重视"三农"工作，并就此做过许多重要论述。他在 2019 年两会期间参加河南代表团审议时指出，要把实施乡村振兴战略、做好"三农"工作放在经济社会发展全局中统筹谋划和推进，搞好脱贫攻坚与乡村振兴的有机衔接，切实稳住"三农"这一国家发展的基本盘，补齐农村基础设施短板、夯实乡村治理根基。随后，河南省委召开十届九次全会，专门就做好"三农"工作、推进乡村振兴的河南实践进行了系统部署，强调要"五个振兴"统筹推进，在希望的田野上谱写中原更加出彩的"三农"篇章。其中，文化振兴是铸魂工程，乡风文明是实现乡村振兴的关键保障。② 书写新时代中原更加出彩篇章，必须要树立好更加亮丽的中原文化名片，走好文化振兴的河南道路，保护和弘扬好优秀的中原文明。

（二）乡村文化在乡村振兴中的地位作用

乡村文化是乡村社会的精神纽带。文化体现着一个社会的精神和灵魂，是维系一个社会团结的精神纽带，是助推社会进步的思想源泉。传统社会的中国农村治理，文化、民俗、价值习惯等都是社会秩序维护中的主导性因素，这些文化形式渗入乡村社会的方方面面，生产关系、生活关系、社会关系在本质上都属于文化的联结。换言之，作为维系中国农村各种关系的一个重要的纽带，乡村文化振兴关系重大，事关社会团结和乡村精神。

---

① 《中共中央　国务院印发〈乡村振兴战略规划（2018~2022 年）〉》，中国政府网，ht-tps：//www.gov.cn/zhengce/2018-09/26/content_5325534.htm。

② 《中国共产党河南省第十届委员会第九次全体会议决议》，河南省人民政府网，https：//www.henan.gov.cn/2019/04-30/788948.html。

文化振兴是乡村振兴之魂。推动乡村文化建设，能够为乡村全面振兴提供精神滋养和价值导引，展现乡村文化自信和时代魅力，有助于守护优秀传统文化的"根"；有利于提升农民文明素养，造就"三农"人才队伍，抓牢乡村振兴主体；有助于促使文化层面的产业融合，推进农业现代化，夯实乡村振兴基础；推动乡村文化繁荣兴盛，顺应广大农民美好生活需要的新期待。①

文化振兴支撑乡村有效治理的实现。治理有效作为乡村振兴的总体性目标之一，文化治理功用的发挥对推进新时代乡村治理至关重要，文化维系社会秩序的能量释放对乡村发展意义重大。文化不仅深远影响个体社会化，推促个体习得社会规则而成长为社会人格健全的"社会人"，还形塑着社会价值规范、社会认同，左右着社会良性运行的速度和质量。

二 从式微到振兴：乡村文化建设迎来最好时代机遇

回望历史来路，乡村发展随时代更迭而起伏，式微之势日渐所起，乡村的衰落表现最直接的就是乡村文化的衰落。中华5000多年文明孕育了丰厚的优秀传统文化和农耕文化，但一段时间以来，乡村文化衰落这一社会事实不断被验证并确认。考究乡村文化的历史演进阶段可以发现，近代时期应该是乡村文化由盛转弱的分界点，从结构性原因分析看，中国从封闭性社会走向逐步开放应该是最大的社会环境基础，因为排除了外部干预因素下的文化运生和传承有其自身的逻辑规律。我国的现代化是在民国时期才真正开始深入的，这段时期的中西交流碰撞现象频繁在中国大地上演，新文化运动更是将中西文明的交织影响推向了一个峰值，解构传统的思潮在国内涌动，乡村文化更是遭受到猛烈冲击。中华人民

---

① 李三辉：《答好乡村文化振兴时代命题》，《农民日报》2018年6月9日。

共和国成立后，无论是城市还是乡村都急需重建发展，历史选择了从广阔的农村开始进行经济建设，乡村社会建设充满活力，乡村文化也得到了较好的恢复和保护。但在随后的特殊时期内涌现的疯狂行动，使历史器物、珍贵文物、民俗、非物质文化遗产、艺术作品等一批优秀的传统文化遭到了毁灭性破坏。① 改革开放以来，经济社会变迁急速发展，乡村文化衰落现象也表现较为集中。夹裹在"以经济建设为中心"的发展洪流中，乡村文化也无可逃遁地成为服务于经济增长的需要，文化延展的规律有时候不得不被抛弃，忽略文化发展实际而屈全于乡村经济分析框架。然而，在文化式微、信仰崩塌、规范无力、价值失调、环境恶化的基础上，又突然被施以强势的市场经济价值观，极大地渲染了急功近利、短视求益的氛围，加速破坏了文化环境。近年来，伴随着社会变迁和城市化进程的飞速推进，中国乡村社会结构已发生了颠覆性变革，宗族意识、家族关系持续淡化和裂变，新的生产关系、人际关系、社会网络、价值认同也在不断形成，乡村文化衰败现象和社会问题不断凸显，② 礼治式微下的乡村内部治理结构已不能维持全部秩序，而民主法治未能及时跟进下的法治空谷也加促了乡村文化失序。

不可否认，如今乡村文化面临着衰落事实和急需振兴的时代要求。尤其是党的十八大以来，传承和弘扬优秀传统文化被中央作为重要事项摆在了突出位置，坚定文化自信成为我国文化建设的基本原则，而乡村文化作为传统文化的核心要件理当做出时代提升。随着党的十九大正式发布实施乡村振兴战略，繁荣兴盛农村文化被一系列中央文件所强调，因为乡村文化振兴是乡村全面振兴的本质要求。显而易见，乡村振兴战

---

① 李三辉、范和生：《乡村文化衰落与当代乡村社会治理》，《长白学刊》2017 年第 4 期。
② 李三辉：《弘扬农村优秀文化　助力乡村全面振兴》，《河南日报》2019 年 6 月 5 日。

略既是对当下中国乡村在现代化进程中的一个准确定位，也给乡村社会发展迈进注入了前所未有的动力。为此，要重新认识文化建设在推进乡村振兴战略中的地位特征，培植文化力量，为乡村振兴做好强大的精神支撑。因为没有现代化的乡村，就不会有现代化的中国，没有乡村文化振兴，就不会有真正意义上的乡村振兴。[①]

第三节　河南乡村文化振兴面临的现实问题[②]

农村在中原大地中占据重要地位，中原文化的最突出特点就是乡村文化富足。古老厚重的中原文明孕育了丰厚的优秀传统文化，器物层面的中原文化不断被开发，但精神价值层面中的文化却不能在现代社会中真正展现出来。中原文化的"人文化成"精神的现代展现却相对薄弱，导致文化教化个体、建构价值、导引秩序的社会治理功能无法发挥。分析来看，当前河南乡村文化振兴中的现实困境，主要体现在以下几个方面。

一　城乡文化发展不平衡问题突出

党的十九大提出实施乡村振兴战略，并进一步用"坚持城乡融合发展"明晰了乡村发展思路。从近些年河南省的实践看，不管是城市化进程、新型农村社区建设、新型城镇化，还是实施新农村建设、乡村振兴战略，党和国家以及社会各界都在不断探寻如何协调城乡之间的发展关系，缩小城乡之间的发展差距，寻求城乡间共建互促。事实上，如何在

[①] 李三辉：《答好乡村文化振兴时代命题》，《农民日报》2018 年 6 月 9 日。

[②] 本部分内容参见李三辉《乡村文化振兴的现实难题及其应对》，《长春理工大学学报》（社会科学版）2021 年第 1 期。

国家统筹发展的大背景下畅通城乡要素自由流通的渠道，密切城乡间人才、资源、文化等的有机联系，在互促互融中共建城乡美好生活，不断走向城乡融合发展，是推进新时代乡村振兴的重要途径。令人遗憾的是，当前城乡发展不均衡、不协调、不充分问题，依然是我国发展进程中的重大现实性命题，其在乡村文化层面的暴露更加明显，这不仅表现在城乡文化对比中的不平衡，如城市文明冲击乡土文明，乡村文化衰落，乡土文化有被边缘化的趋势，还体现在乡村内部发展的不平衡性，不同地区的乡村文化呈现迥异的形态走势。① 沿循时代脉搏不难发现，现代化进程中的文化话语体系发生了颠覆性变化，传统文化慢慢让位于现代文明，乡土文化渐渐弱化于城市文化，而且随着时代车轮的滚滚向前，似乎乡村文化对现实的解释力越来越弱，从文化体系的核心位置滑落至边缘化。城乡文化话语地位强弱的构筑基础是城乡间的发展程度差异，更确切地说是城乡文化发展的结构性不平衡，这一不平衡不协调问题是城乡融合发展必须解决的问题，也是当前农村地区仍占较大比重、乡村文化仍具显著功用的客观事实所需正视的重大文化发展问题。

二 乡村文化发展的现代化建设水平还比较低

从整体上看，相较于城市地区，社会变迁中的乡村公共基础设施建设、公共服务配套都比较滞后，这也必然涉及乡村公共文化基础设施如图书馆、文体活动中心等，尤其是大数据时代下的前沿性公共文化网络基础设施更是尚处起步阶段甚至是还未起步，乡村数字图书馆、网络教育中心、互联网+文旅等，只在个别地区或个别典型村镇零星展开，乡

---

① 李国江：《乡村文化当前态势、存在问题及振兴对策》，《东北农业大学学报》2019年第1期。

村公共文化服务建设任重道远。这直接带来了乡村公共文化的供给短缺。与乡村公共文化服务设施欠缺相对应的则是农村地区文化产业发展活力不足，一方面，受制于乡村基本文化设施的严重不足和新兴文化设施薄弱；另一方面，政府在乡村文化发展政策出台、机制保障上也稍显着力不够，相对于发展经济，地方对文化建设领域的重视度明显较低，对文化发展的认知上站位不高，农村文化市场发展氛围不浓。①

三 传承弘扬乡村优秀文化困境重重

伴随着时代变迁和城市化建设的快速推进，河南城乡间的人口流动日益频繁，"空心村"现象也急剧增多，人口流失带给乡村社会的冲击是毁灭性的，一些村落在空心化中走向消亡。在不断空心化的农村地区，乡村文化的传承、弘扬、保护、发展都受到了不同程度的威胁，更为严重的是，乡村优秀传统文化的"空"则意味着给其他文化形式"填充补位"提供了机会，这就带来了一些不良文化、低俗风气在广大农村地区的蔓延侵入，乡风文明不断遭遇冲击，农村地区的道德文明建设时常遭受外界质疑与忧心。首先，农村优秀传统文化的传承正面临着难以维续的境遇，其最重要的原因是文化传承主体缺失，如代际传承人、文化专业人才的缺位。一方面，农村地区有大量非物质文化遗产需要传承接续，但其"文化传承人"普遍面临断层处境，一些传统文化的延续难以维持；另一方面，乡村传统文化再生产缺乏创新引领主体，缺少文化专业人才支撑。其次，农村传统文化面临失序危机，表现在日渐凋零的乡风民俗和文化礼仪形式，礼治式微下的乡村内部治理秩序难支，乡绅日常

---

① 吴理财、解胜利：《文化治理视角下的乡村文化振兴：价值耦合与体系建构》，《华中农业大学学报》（社会科学版）2019 年第 1 期。

治理的文化形式消退，多元价值下的传统文化秩序与现代文化调和。最后，农村传统文化功能退化危机，主要表现在文化治理功能的弱化上，民风仪俗、习惯规约、道德伦理等乡村治理力量的发挥越来越弱，乡村文化共同体在逐渐消解，乡村社会凝结度和集体意识骤降。①

四 乡村法治文化建设仍是短板

法治精神是现代社会秩序的主要支撑，推进新时代全面依法治国必须重视农村法治建设，而加强乡村法治文化建设、提升乡村治理法治化水平，也是保障乡村治理体系和治理能力现代化实现的基本要件。从河南各地的实践看，虽然当前农村治理中的基本法律体系已经建立，但法规之外的文化惯习、权力、人情、关系、非理性情绪等因素仍然充斥于日常生活世界，且滞后于现代化社会发展进程，相悖于社会文明目标，民众法治规范意识还需增强。新形势下的农村社会治理绕不开依法治理，必须坚持法治为本，不断改进治理理念、优化治理方式，补齐农村社会治理的法治化短板。一方面，要不断完善农村法律法规体系，强化法治在合规权益维护、市场秩序运行、生产生活开展、环境优化治理、社会风险矛盾化解等方面的权威地位；另一方面，要解决好法治缺失下的规则不约、秩序不制问题，具体表现在，基层干部的"官本位"观念仍然根深蒂固，任性用权、人治思维依然严重，基层干部的法治意识仍旧不强；农村普法力度不足，民众遵法、学法、守法、用法的法治素养还普遍不高；制度化监督制约机制不完善和监督效度难保证，限制了乡村法治的深度和广度。②

---

① 李三辉：《弘扬农村优秀文化 助力乡村全面振兴》，《河南日报》2019年6月5日。
② 李三辉：《自治、法治、德治：乡村治理体系构建的三重维度》，《中共郑州市委党校学报》2018年第4期。

五 乡村文化人才队伍力量不足

事在人为，事靠人为，人才力量不足是当前乡村振兴战略推进、乡村文化建设的最大问题。正如前文所述，"空心化"趋势下的乡村人口流失问题严重，随之相伴的是乡村青壮人员减少、乡村能人出走，可以说，缺人尤其是缺人才是乡村社会发展中最沉重的路障。乡村文化振兴事业，一方面遭受着社会流动大背景下的人员力量不足、人才支撑乏力的困境，另一方面面临着对乡村村民资源挖掘整合不够的问题。文化的发展规律还不同于别的，只有贴合民众生活、契合村民兴趣的文化形式，才能真正有生命力，唤起村民参与的积极性和热情，真正发挥出村民主体力量。推进乡村文化建设必须要认清村民这一主体作用地位，引导广大民众传承和弘扬乡村优秀文化，树立起文化自信，重新认识乡村文化价值，不断增强村民创新文化形式的自觉性，丰富乡村文化生活，营造乡村文化繁荣发展的环境氛围。

第四节 新时代河南推进乡村治理的文化路径思考

作为人类社会实践活动中的全部精神产品，文化统合社会意识形态、价值观念、思想认知等，对社会生活中公众的思维方式、行为方式起着决定性的形塑与影响作用，可以说是一个国家或地区向前发展进程中最内潜、最基本、最持久的支撑力量。也正因为此，文化力量一直是社会治理实践中的有效手段，它能够调适社会关系、规范社会行为、凝聚社会认同，文化治理也始终是党和国家开展治国理政的基本方式。直面当前乡村文化发展面临的现实难题与时代形势，党的十八大以来，党和国家坚定把建设文化强国摆在战略突出位置，将重塑重构乡风文明列入重要工作议程，大力实施了乡村振兴战略，不断推进乡村文化振兴。在此背景下，新时代新征程中乡村社会的精神文化建设不断推进，文化样态形式创新不断拓展，而乡村社会治理的文化治理实践也在持续深化，文化的社会治理功能与效力不断被重新认识，为进一步提升乡村治理的现代化水平和促成乡村善治提供了文化路径可能。

一 乡村文化的社会治理功能

文化研究和文化问题一直是中国社会学所重视的议题，孙本文将文化视为社会学的研究对象，他认为文化是社会结构中调适社会矛盾且广泛存在于生活各个层面的因素。文化因其重要而被重视，其重要性不仅显现在它是人类日常生活世界展开的重要方面，而且表现为其调适社会矛盾、开展社会治理的功能。

（一）个体维度：个体社会化教育

社会的组成和发展离不开具体的个体，而个体又生活在特定的社会当中，这是个体同社会进行互动适应的过程。这个过程贯穿人生的始终，其间社会文化得以积累和延续，社会结构得以维持和发展，人的个性得以健全和完善。社会化可以理解为文化的传递和延续，是社会文化的内化过程。更直接地说，没有社会化就没有适应社会发展阶段的社会人，以文化为主要内容的社会化是塑造合格社会成员的手段，其目的指向社会的良性运行发展，这一点同社会治理殊途同归。

（二）社会领域：社会认同和价值建构

人类创造的文化虽有主观性，但它一经产生就具有了外在客观性，是一种社会事实。其客观性的直接体现就是各式各样的文化规范，即人类社会规范。对于个体，文化具有规范个人成长的功能；转换至社会，文化指导社会行动标准、塑造社会认同、构建社会价值观。可见，文化规范作用于日常生活世界的各个方面，深刻影响着社会成员的思维方式、行为方式，左右社会成员的价值观形成和日常生活行动。

（三）国家层面：社会秩序运行和发展导引

个体通过社会文化的内化实现了自然人向社会人的个体社会化演进，而后经由文化主导的社会规范确立了行为准则，有序化了社会互动，其最后要到达的目标是什么？文化或人类借助文化在社会生活中的指向是社会良性运行和秩序稳定。人类建立国家的目的是维护社会秩序和推进社会发展，这既是社会治理的目标，也是实现基础。具体而言，在社会秩序的维护上要运用文化控制手段来制约社会行为、协调社会关系和调节社会生活。同时，文化价值为国家和社会发展树立目标，当今的社会主义核心价值观和中国梦就是文化导引发展的有力佐证，致力于实现民族复兴、国家富强和人民幸福。

二 推进乡村治理的文化可能[①]

谈到乡村治理，往往强调的是以政府行为为代表的正式手段，配之于行政体制延展，如乡镇指导、村两委、村监委等，辅之以德高望重的老人和能人来协调工作。然而，长期以来处在"天高皇帝远"位置的乡村秩序维系则很少依靠自上而下的正式干预，而是靠内在自生的"礼""道""规矩"等文化传承达成了乡村延续。尽管当今社会经历转型巨变，乡村社会结构已发生深刻变迁，但乡土文明尚未终结，植根其上的

---

① 本部分内容参见李三辉、范和生《乡村文化衰落与当代乡村社会治理》，《长白学刊》2017年第4期。

秩序力量依然不可忽视，这或许也应当是我们对乡村社会中的文化治理所抱持的肯定与发扬态度。

（一）新时代乡村共同体：乡村治理功能的承接

著名学者秦晖曾这样描述传统社会的乡村治理："国权不下县，县下惟宗族，宗族皆自治，自治靠伦理，伦理造乡绅。"[1] 显而易见，伦理、道德、民规俗约、习惯都是乡村社会治理手段的重要体现，若进一步追问此种治理格局的形成，家族共同体在乡村治理和乡村秩序中的关键地位也就不难理解，以此给乡村社区带来的强大凝聚力和社会认同也能得到合理解释。当今中国社会正遭遇传统社会向现代社会、现代社会向后工业社会的双重变迁，多元性、个性化、开放性同传统乡村社会的同质性、封闭性、排外性对立并存，相互冲突的现象时常出现。从某种程度上来说，家族共同体所依存的传统社会关系格局正趋于分裂，其乡村社会治理功能也渐趋弱化。更为严峻的是，当今乡村社会并没有建立起新时代共同体来承接乡村治理功能，而社会中日益增加的乡土人情冷漠、社会认同降低以及乡村文化凋零现象都与乡村共同体的缺失紧密相连。

新形势下的乡村社区需要共同体，其构建要立足于当前乡村治理的社会基础，既不能还原过去式的家族共同体，也不能发展成管理型的城市社区，因为排斥新元素融合的宗族"复兴"和抛弃乡土文明的"陌生人"社区都不符合乡村实际。新时代乡村共同体理当介于公私领域之间，整合血缘、道义、行政、文化、法律等多种手段来治理乡村，它不单是乡村社会的生活共同体，也是精神共同体。它要达成的是村民、政府与市场的合作治理，以期发挥乡镇政府指导主体、村两委沟通主体、

---

[1] 秦晖：《传统十论——本土社会的制度文化与其变革》，复旦大学出版社，2003。

村民建设主体和社会组织支持主体的作用，调动各种因素的积极创造性，实现乡村社会共同体化的生活状态。①

（二）强化乡村集体意识，增进乡村社会认同

迪尔凯姆根据集体意识的强弱区分了社会团结的类型，机械团结和有机团结作为社会联结纽带分别指向了不同的社会形态。与之相似，滕尼斯根据不同的共同意志类型将人类共同生活区别为"公社"和"社会"两种基本形式。不管是机械团结社会还是"公社"形式，个体的高同质性、强烈的集体归属感都是乡村社会的基本属性。道德、宗教、信仰、法律、习惯、风俗、公共情感、价值规范都是集体意识的表现形式。然而，无论集体意识的展示种类多么多样，集体意识的本质都是制度性或非制度性的文化，都是一种文化活动。无论是理想化的"公社"生活还是集体认同强烈的社会团结，文化都为社会秩序的建立提供保证，调适人们之间的关系，并使社会结合为一个有机整体。

集体意识也可看作成员对所属集体的认同态度，社会认同在本质上是一种集体观念，而文化则是建构社会认同的根基。卡斯特在《认同的力量》一书中论述社会认同时就十分重视文化传统对构建社会认同的影响。区别不过在于他阐释的是席卷全球的社会运动中的社会认同，我们讨论的是处于社会转型中的乡村社会认同；联系在于乡村社会在网络化时代下也无处逃遁。乡村集体意识的弱化、社会认同的降低就是乡村文化受到社会急速转型和社会发展变迁影响的重要体现。我们可以通过考察亲属称谓的现状来做出说明，因为语言是社会联结的重要载体和纽带，而亲属称谓是语言中体现集体意识和归属认同的主要形式。事实是，不知如何称呼长辈的事例越来越多，亲属称谓的淡化现象在与日俱增。值

---

① 范和生、李三辉：《论乡村基层社会治理的主要问题》，《广西社会科学》2015年第1期。

得肯定的是，当前已有不少人开始关注亲属称谓的弱化和消失问题。单就应对亲属称谓文化的变迁而言，重修家谱和族谱的确是重构乡村集体意识，增进社会认同的一个有效办法。不过，我们也应当看到，重修家谱和族谱的人多为成名或发迹之后的人，他们并不生活在乡村之中而是根在农村。与之相对的是，生活在乡村社会中的民众并没有给予亲属称谓的淡化和家谱的修订以足够的重视。

　　是否可以这样理解，乡民对乡村文化的漠视才是乡村文化弱化的主要原因，或者加速了乡村文化的衰落。一种解释是，人只有在真正地拥有了物质之后，才会生出超越于物质的观念。不管怎样，我们需要更多的类似于重修家谱那样的行动，为乡村社会带来更多的共同体的意义认同，而如何强化乡村集体意识，增进社会认同已成为新形势下的乡村社会治理所无法回避的课题。

　　（三）重塑乡村社会规范，推进乡村文化建设

　　在上文的论述中，我们已经注意到，重视文化研究是孙本文等社会学家在20世纪前期形成的中国社会学优良传统。但历经中断而后重建的中国社会学并未恢复这一传统，淡化文化研究的倾向依然严重，我们理当重新认识文化研究在中国社会学中的历程和地位，消解中国社会学研究的表层化和边缘化现象。[①] 文化研究在中国社会学中的被忽视和低估，也预示着其在农村社会学中的短板位置。当前乡村文化建设的缓慢甚至滞后，直接体现在文化规范的形式减少、范围缩减、力度减弱上。上文所述的乡村忌讳渐远、仪式文化缺场、乡风民俗飘零都只是乡村文化建设"短板"的不同侧面。问题的关键在于，协调个人或群体关系、影响

---

① 刘少杰：《重新认识文化研究在中国社会学中的地位——兼论孙本文对文化社会学研究的贡献与局限》，《社会科学研究》2012年第5期。

社会成员思维方式和行为方式的文化规范在弱化，这是推进乡村社会发展、优化乡村社会治理乃至国家治理所不愿看到的情形。

直面中国乡村社会现实和乡村文化发展，强化乡村社会规范、加快乡村文化建设必须得到重视并加以实施。然而，文化规范建设是一个宏观概念，难以进行操作，我们可以从细小且易于操作的文化规范形式出发，如乡村忌讳。是否可以辩证地扬弃"乡村忌讳"，构建新形势下的"新乡村忌讳"，既非一味地沿用又非完全脱离传统忌讳语，而是在借鉴原有乡村忌讳的形式和元素上加入时代内容，如将手机、电脑、网络等新元素加以融入，替换"扛缰绳不好"等不适应当今乡村现实的忌讳语，以期形成新的忌讳规范，协调个体行为。但是，创造和丰富文化规范绝非易事，它需要广大民众发挥聪明才智去创造，需要广大人民的共同努力，而推进乡村文化建设亦如是。

新形势下的乡村社会规范重塑，并不是对乡村文化的否定，与之相反，是对乡村忌讳及其代表的乡村文化功能的重视。无论文化规范的内容和结构有多么复杂，文化规范的展现形式有多么丰富，它都是文化建设的组成部分，而文化建设的最终指向蕴含着教化个体、建构价值、导引社会发展、保护社会秩序的治理功能。

三 河南乡村文化振兴的时代进路①

新形势下，乡村振兴战略彻底吹响了乡村社会总体性建设的奋进号角，乡村文化振兴的总体目标也被概括为乡风文明，而其又可遵照乡村振兴的愿景和时下现实细分出具体的乡村文化建设目标。目标导引行动，

---

① 本部分内容参见李三辉《乡村文化振兴的现实难题及其应对》，《长春理工大学学报》（社会科学版）2021年第1期。

乡村文化振兴即是从文化领域入手，坚定乡村文化自信，重新认识乡村价值；弘扬农村优秀传统文化，保护与传承乡村文化遗产，创造性转化、创新性发展乡土文化；培育文明乡风、良好家风、淳朴民风，提升乡村社会文明程度；培育新时代乡贤文化；深化农村精神文明创建，繁荣乡村文化市场，富足农民文化生活；平衡城乡文化地位，均等化城乡公共文化服务供给，发展新型文化业态；挖掘乡村社会善治的文化力量，为乡村振兴构筑积极健康的文化环境。为凝聚起乡村振兴的精神力量，乡村文化建设必须着眼于乡村文化发展中的现实问题，最大限度地发挥村民的主体性作用，转变城市文明等于先进文化、乡村文化是落后陋习代表的狭隘偏见，重新认识和挖掘乡村文化价值，引导农民树立文化自信与文化自觉，推动形成新时代乡村文化，以文化繁荣助推乡村全面振兴。基于此，可以思考从以下几个方面着手。

（一）坚持社会主义核心价值观对乡村文化建设的思想指引力

毋庸置疑，社会主义核心价值观是当代中国价值、时代精神的凝练表达，它从整体性上集结了国家、社会、公民等不同层面的价值追求。时下，我们奋力开展的乡村文化建设，不论是民众教育、思想理念，还是伦理道德、精神文明建设，都是囊括在中国价值体系中的文化行动，试图构建和丰富的是中华文化、中国精神和中国力量，最终为维护国家发展和社会稳定提供精神支撑。

（二）挖掘和开发农村传统道德文化资源

提炼转化传统文化中蕴含的价值信念、思想情感、道德规范，培育社会公德、职业道德、家庭美德、个人品德，为乡村振兴营造良好的文化环境。构建新乡贤阶层，发挥"道德权威"在乡村生活秩序维持中的重要作用。大力弘扬中华传统美德，延续和强化互帮互助、向上向善的乡村社会传统风尚，同时，结合新时代农村精神文明建设，"速""质"共进农村志愿服务事业，振奋焕发乡民气质风貌，提高乡村社会文明程度。

（三）保护传承乡村优秀文化

要立足我国乡村发展实际，做好优秀传统文化资源的保护与传承，在守护文明的原则下辩证对待乡村文明与现代文化，结合时代变迁和现实逻辑去推进传统文化形式的创新和创造，追求不拘泥于形式的文化精神弘扬。从文化载体的实物保存保护上，可以有计划地开展传统文化村落（古村民宅、古镇老屋）的复兴行动、传承非遗技艺民俗行动等。从非物质文化遗产的传承上，可以用文旅产业的形式来激活民俗风情、礼仪文化、技能技艺等内容的弘扬，在县域发展、村镇发展中有意识地整合当地的特色传统文化资源，在发展中保护文化，在文化繁荣中助推发展。[1]

（四）大力开展乡风文明建设新行动

传统社会中优良乡风、道德家风、文明民风一直都被看作乡村社会有效自治运转的"重要法宝"。虽然跟随时代变迁，中国农村社会的经济基础、文化氛围、环境状况都发生了深刻变化，但厚重的中华农耕文明所孕育而生的思想价值、人文精神、道德情怀仍然可以在当代发挥出巨大的文化哺育、秩序治理作用。要结合时代新风塑造的新要求，因地制宜地开展"传家训、立家规、扬家风"行动，从民生之需有序谋划移风易俗的阶段性扩展，增强民众践行新风正气的自觉性和有效性。[2] 围绕精神文明创建活动，推进"文明村镇""道德模范"等文明评选活动

---

① 邵晨：《乡村振兴不可忽视乡村文化力量》，《人民论坛》2018 年第 26 期。
② 邵晨：《乡村振兴不可忽视乡村文化力量》，《人民论坛》2018 年第 26 期。

的常态化、制度化，扎实做好基层文明创建工作，营造文明新风氛围，以榜样的力量引领道德风尚，充分发挥党员、干部、"五老"人员、新乡贤的头雁作用。加强全社会对弘扬时代新风的宣传、对不良风气行为的曝光监督。

（五）注重培育乡村公共文化空间

公共文化空间是兼具地理属性和社会意义的统合体，它既包括居民日常生活世界的文化社交场所、文化活动载体，也是民众凝聚文化共识和寻求文化归属的公共精神空间。在公共文化载体上，要围绕村民日常文化生活需求，既做好文化广场、图书馆、文化站等福利性公共文化服务，又注重引导集市、"桥头"、"村头大树"等形式的传统公共空间培育。在乡村秩序维持上，要以培育乡村文化精神为纽带积极构筑新型公共文化空间，引导乡村公共文化空间的时代转向，发挥非正式议事空间的治理日常，推动乡村基层矛盾纠纷化解。①

（六）培育乡村"三治"文化以助推乡村治理

治理有效是乡村振兴工作开展和推进的社会基础。直面加速变动的乡村社会结构、利益格局调整、文化生态变迁，必须推进新形势下的乡村社会治理体系构建，加强自治、法治、德治三重力量协同。一是深化自治实践以稳固乡村民主政治制度和维系乡村自治文化传统。二是补齐法治文化短板以规约礼治衰退下的利益多元，增强新形势下民众的秩序意识和法治文化精神。三是强化德治建设以润化人心，挖掘优秀传统文化的治理回归，夯实社会善治的思想基础。②

---

① 路璐、朱志平：《历史、景观与主体：乡村振兴视域下的乡村文化空间建构》，《南京社会科学》2018 年第 11 期。
② 李三辉：《自治、法治、德治：乡村治理体系构建的三重维度》，《中共郑州市委党校学报》2018 年第 4 期。

（七）重视培育"文化能人"，深化文化人才队伍建设

推动乡村文化振兴，人才是关键，既要挖掘培育一批乡村本土文化人才，也要注意引进优秀人才来支撑乡村发展。一是实施人才培育工程，因地制定相关政策，在经费、技术、场地等方面支持民间文艺团体、民间艺人、文化示范户等正向草根文化发展。二是科学规划文化人才的培训，针对不同层次的文化人才采取不同的培训形式、制订不同的培训计划，定期对乡村文化骨干、"三馆一站"工作人员进行业务和能力提升培训，有侧重地做好"文化关键人""技艺传承人"等各类关键人才的接续培养。三是做好文化人才招聘规划，招募更多具有专业性、贡献性、思想性的优秀文化人才到农村来搞活乡村文化，配齐建强乡村文化工作队伍。四是以更加灵活多样的保障方式来落实乡村文化人才的激励性政策。

第六章

社会力量与乡村治理

社会力量是深化社会治理实践的重要推力，多方吸纳社会共治力量元素参与基层社会治理，是坚持和完善共建共治共享社会治理制度的内在要求，是筑牢社会治理基层基础的重要手段。一直以来，社会自治都是基层治理实践运行的基本方式，而社会自治行动所凭借的就是正式力量之外的社会力量的自觉协同参与。新形势下，尤其是党的十八大以来，我国的社会治理实践和创新都发生了巨大变革，其变化不仅表现在治理意识和理念上的变迁，也体现在治理机制和体系的创新。党的十九大报告明确强调，要"推动社会治理重心向基层下移"，党的十九届四中、五中全会相继聚焦"强化基层社会治理体系建设"，分别强调要在共建共治共享下完善党委领导的社会治理体系，健全党组织领导的城乡基层治理体系。其反映到治理主体格局上，就是多元化的治理主体或治理力量日渐形成，以各类社会组织为代表的社会力量协同社会治理成为时代趋势。当前，社会主义现代化河南建设正在加速推进，《河南省国民经济和社会发展第十四个五年规划和 2035 年远景目标纲要》也再次明确要加强和创新社会治理，并强调要"引导社会力量积极参与基层治理"，发挥好群团组织和社会组织在基层社会治理中的作用，从而不断增强社会治理共同体力量，持续提升基层社会治理效能。

第一节　社会力量参与乡村治理的逻辑进路①

新形势下，大力引导社会力量参与基层社会治理，不仅是践行"共建共治共享的社会治理理念"的具体行动，推进社会治理共同体建设的重要途径，也是提促基层社会治理现代化，增进基层治理效能的有力手段，对于夯实现代化河南建设和幸福美好家园的治理根基意义重大。

一　引导社会力量积极参与乡村治理是新时代加强和创新基层社会治理的基本要求

作为乡村社会治理的重要主体和基本力量，以社会组织为代表的社会力量面临着新的时代机遇和形势要求，其在基层社会治理实践中扮演的角色越来越重要。党的十八大以来，我国社会治理体系建设进入新阶段。党的十八大报告提出"加强和创新社会管理，加快形成党委领导、政府负责、社会协同、公众参与、法治保障的社会管理体制"。而后党的十八届三中全会通过的《中共中央关于全面深化改革若干重大问题的决定》，首次提出以"社会治理"代替"社会管理"，社会治理体制变革、治理方式创新不断推进，并持续强调"社会协同、公众参与"，② 鼓励汇聚各方社会力量参与社会治理。党的十八届五中全会又提出"加强和创新社会治理，推进社会治理精细化，构建全民共建共享的社会治理

---

① 本部分内容参见李三辉《社会力量参与基层治理的逻辑进路与对策探讨》，《三晋基层治理》2023 年第 2 期。

② 魏礼群：《党的十八大以来社会治理的新进展》，《光明日报》2017 年 8 月 7 日。

格局"，延续着治理实践和理念变革。党的十九大报告又进一步提出要"打造共建共治共享的社会治理格局"，并着重明确了要注重社会治理重心的基层强化。随后，党的十九届四中全会决议在先前论述基础上又进一步做了深化丰富，在加强和创新社会治理体系上，增添了"民主协商""科技支撑"① 等新内容，完善拓展了党委领导下的治理主体多元、协同治理力量多重的社会治理机制。2021 年《中共中央　国务院关于加强基层治理体系和治理能力现代化建设的意见》又指出，基层治理体系一定是涵盖各类组织协同、群众广泛参与的运转体系。分析我国不断深化发展的"社会治理""基层治理"政策论述可以发现，加强和创新基层社会治理是我国政治生活尤其是党的十八大以来的重要命题。而积极推进社会共治元素力量参与基层治理，又是其中一条贯穿始终的拓展路线，这既是治理理念的更新完善，也是适应治理实践形势变化的政策调适。

二　引导社会力量积极参与乡村治理是打造共建共治共享的社会治理格局的使命必然

毋庸置疑，"共建、共治、共享"经由很长一段时间的探索、实践、深化、完善，已逐步发展成为政府部门与社会各界对做好社会治理工作的价值共识，其一个核心要义就是强调"共治"，而共治就是多元主体共同治理，绝非单一性主体。从中国共产党领导的百年乡村治理实践看，我国的乡村治理一直是在逐渐迈向"共建共治共享"治理格局，乡村治理主体经由较单一性权力结构越来越多元分散，已基本形成了"一核领

① 《中共中央关于坚持和完善中国特色社会主义制度　推进国家治理体系和治理能力现代化若干重大问题的决定》，《人民日报》2019 年 11 月 6 日。

导：中国共产党"与"协同共治：多元主体参与"的治理主体格局，推动了基层社会治理实践的不断延展与治理效果的持续呈现。但是，基层社会治理主体架构中的多方主体参与均衡度还不够，尤其是乡村治理中的社会力量发展仍然处于相对滞后的状态，推进现代化建设中的乡村社会治理，势必当正视"政府、社会、市场"三者间的关系变化和力量格局变化，扫除社会力量有效参与乡村治理的各类障碍。奋进新时代、走好新征程中的乡村社会治理之路，必然要求我们在加强和改进乡村社会治理的过程中，确立多元协同的治理理念，在治理的善治这一根本共识的基础上，政府、社会、市场、个体等主体各司其职、各尽其责。为此，必须在乡村社会治理主体结构上继续坚持多元共治的治理理念和治理模式，在党的坚强领导下，深化完善基层自治制度，在社会建设上下功夫，培育社会组织等社会力量健康发展，汇聚社会力量参与社会治理。

三　引导社会力量积极参与乡村治理是激发社会活力与提升社会治理社会化、专业化水平的客观需要

伴随着各地基层社会治理实践的推进和创新探索，社会力量参与基层社会治理已是不可或缺的部分，承载着基层社会治理的重要任务。党的十九大报告在明确提出"打造共建共治共享社会治理格局"的同时，也制定了着力提高社会治理"四化"水平的行动目标。新形势下，如何激发社会活力，发动社会力量参与到基层治理的方方面面，已成为各级党委政府面对的新课题。要实现乡村社会治理的社会化，必然要突破单一线条的治理模式或方式，其治理方式和手段必然是社会性的，需架构起市场主体、社会力量广泛参与的网状治理机制。事实上，近年来各地

在政府购买社会服务方面都出台了系列举措办法，推动了政府、市场、社会职能的厘清，对各类合作社、协会以及其他社会组织的培育都起到了积极作用，一定程度上释放了社会组织等主体的治理能量。同时，随着各类社会力量借助不同渠道、不同平台参与到乡村治理的方方面面，专业性的社会组织力量较好地提升了其在参与乡村社会事务治理实践中的专业化水平。从这个意义上来说，大力引导社会力量积极参与乡村治理，让专业的人做专业的事，对于激发社会活力来拓展乡村社会治理实践，提升乡村社会治理的社会化、专业化水平都意义重大。

第二节 社会力量参与乡村治理的河南实践

近年来，河南省委省政府认真践行"共建、共治、共享"治理理念，高度关注乡村社会治理创新，不断发展壮大社会力量参与乡村治理，积极推进社会组织发展的正常化、制度化，社会力量参与乡村社会治理的机制体系、渠道途径和运行效度也得到了不断拓展。

一 社会力量参与乡村治理的主要做法

（一）以转变政府职能完善政府、市场、社会三者关系，社会事业开放不断扩大

近年来，河南省认真推进政府职能转变，厘清政府、市场、社会三者的关系，不断优化公共服务，强化了社会参与，扩大了社会事业开放。

一是适时出台了一系列健全完善行政体制的政策法规，极大地推进了行政体制改革。近年来，为了深入推进省级政府、市县政府职能转变和机构改革工作，河南省委省政府陆续出台了系列性指导文件，如《关于省政府职能转变和机构改革的实施意见》《关于市县政府职能转变和

机构改革的意见》《河南省党政机构改革方案》等政策文本①，在深入推进政府职能转变、提升政府社会治理能力上起到了积极作用。

二是持续开展简政放权行动，不断优化社会服务。近年来，河南省陆续多次取消和调整行政职权事项，持续用"组合拳"深化"放管服"，规范了行政权力，优化了营商环境，方便了民众生活，以高效的政务服务促进了治理体系和治理能力提升。

三是将扩大社会事业开放与社会治理创新结合起来。近年来，河南省社会事业领域项目不断扩大向社会资本开放，相继出台了《河南省人民政府关于创新投融资机制鼓励引导社会投资的意见》《河南省政府购买社会工作服务实施办法》等文件，民间资本在城市基础设施、社会事业、交通等方面的参与渠道不断拓展，利用社会力量发展社会事业的步伐不断迈进，政府购买服务工作有序推进，实现了政府与社会组织的良性互动。

(二)不断推进社会组织管理体制改革，有关社会组织的政策法规日益健全

党的十八届三中全会通过的《中共中央关于全面深化改革若干重大问题的决定》明确提出，要"激发社会组织活力，推进社会组织明确权责、依法自治、发挥作用"②。近年来，河南省委省政府高度重视社会组织的培育与扶持发展工作，相继出台了《河南省〈社会团体登记管理条例〉实施办法》《关于加快行业协会商会改革与发展的实施意见》《河南省培育发展社区社会组织专项行动实施方案（2021~2023年）》等政策

---

① 梁信志：《河南打造共建共治共享的社会治理格局研究》，《农村农业农民》（B版）2019年第4期。

② 《中共中央关于全面深化改革若干重大问题的决定》，中国政府网，https://www.gov.cn/zhengce/2013-11/15/content_5407874.htm。

法规，较好地引导、支持和规范了社会组织在不同时期的健康有序发展，提升了河南社会组织发展的规范化与制度化水平。

（三）培育和发展社会组织，社会组织的规模不断壮大

近年来，河南省十分重视社会组织的培育发展，社会团体、民办非企业、基金会三类社会组织数量规模呈现较为快速的增长趋势，涵盖了全省经济社会发展各领域，社会组织发展体系日益完善。《河南社会治理发展报告（2021）》指出，2012年河南省各类社会组织数量为20970个，2020年为47371个，居中部六省首位。而且从2020年全国社会组织数量的平均增长幅度来看，2020年河南省社会组织的增长速度为7.74%，高于全国平均增长速度（3.21%）。其中，河南省社会团体的增长速度和民办非企业单位的增长速度均高于全国的平均增长速度。

（四）大力发展社会工作服务，凝聚乡村社会治理与服务的重要力量

近年来，河南省在发展社会工作服务、强化社会工作人才培养等方面做了很多工作，极大地推进了全省社会工作服务机构、社会工作人才队伍的建设发展。河南省民政厅、省委组织部等21部门联合发布的《关于加强河南省社会工作人才队伍建设加快推进社会工作发展的意见》提出，河南社会工作服务机构数量在2025年要达到500家，县（市、区）社会工作服务机构覆盖率达到100%。[①] 从实践上看，2021年河南积极推进乡镇（街道）社工站建设，累计投入资金9579.35万元，建成社工站621个，服务群众31.89万人次，社工站协力社会治理作用持续彰显。同时，2021年河南省人民政府还印发了《河南省"十四五"人才发展人力资源开发和就业促进规划》，谋划了河南"十四五"期间的社会工作

---

① 《加强人才专业化建设，2025年社工人才达到5万人目标！河南21部门联合发文推进社会工作发展》，大河网，https://news.dahe.cn/2020/09-17/731028.html。

人才队伍发展。随后，2022 年《河南省"十四五"民政事业发展规划》也正式发布，强调了大力发展社会工作这一重要事项。

二 社会力量参与乡村治理面临的问题

从整体上来看，当前河南社会组织总体发展水平还较低，其培育机制体系还不够完善，而其参与社会治理实践的广度、深度与效度，还与其所应当发挥出的功用有一定差距。

一是培育扶持社会组织发展的制度和机制仍不健全。虽然多地针对社会组织发展都有政策文件制定、试点培育，但文件细化程度、可操作性、落实力度并不尽如人意，长效培育机制还十分欠缺。政府购买服务存在购买服务类型较少、项目设置有限的问题，并且集中在养老医疗、扶贫、文教等领域。同时，政府购买社会服务缺乏完善的监督、考核与追责机制，竞争机制和第三方评估机制没有真正形成，这些问题制约了社会组织的稳定发展。

二是社会组织自身建设不力，服务能力有限。在思想认识和自身定位上，社会组织对公益性、民间性和自身角色定位认识存有一定偏差，行政依赖性较强，独立性偏弱，行业协会脱钩尚未完成，领导兼职社会组织现象虽有削减但影响依旧存在。在管理制度上，一部分社会组织尚未健全机构，诚信建设、自律能力及内部监管不到位，资金流向透明度偏低。在资金能力上，社会组织的运行资金多来源于政府扶持经费和购买服务支付，自主筹资发展能力较低。在业务认知上，普遍存在不能高质量完成承接的服务事项的情况，部分社会组织承接服务多是为了获取政府经费资助，而不管服务效果如何，给社会组织的公信力和社会认可度带来了不良影响。

三是推促社会组织发展的人才队伍力量保障还不够。从自身能力建设方面看，当前社会组织从业人群的专业能力还不足，高素质、高学历、高技能人才占比较低，致使其在业务能力建设和承接专业性较强的服务项目上有所吃力。从社会组织人员的储备情况看，限于待遇水平不高、发展空间不足等因素，社会组织普遍存在专业性人才流失的现象。同时，一些社会组织之间存在争抢专业人才的现象，甚至出现内部相互挖走专业人员的情况，影响了社会组织提供高质量、专业化服务的能力提升。

第三节　河南乡村治理中的农村志愿服务发展①

新时代以来，基层志愿服务制度建设工作越来越被摆在重要位置，并且伴随着《志愿服务条例》的有力推行，我国志愿服务事业取得了新突破。党的十九大报告和《中共中央　国务院关于实施乡村振兴战略的意见》相继指出，要"提高全社会文明程度，推进诚信建设和志愿服务制度化"②，"大力培育服务性、公益性、互助性农村社会组织，积极发展农村社会工作和志愿服务"③。推进新形势下的农村志愿服务，不仅是城市志愿服务工作的拓展和延伸，更是深化农村精神文明建设、促进农村和谐安定、助推乡村全面振兴的重要载体。

---

① 本部分内容参见李三辉《河南农村志愿服务发展及其问题审视》，《云南农业大学学报》（社会科学）2019年第4期。

② 习近平：《决胜全面建成小康社会　夺取新时代中国特色社会主义伟大胜利——在中国共产党第十九次全国代表大会上的报告》，《人民日报》2017年10月18日。

③ 《中共中央　国务院关于实施乡村振兴战略的意见》，中国政府网，https：//www.gov.cn/gongbao/content/2018/content_5266232.htm。

一 推进农村志愿服务工作的重要意义

（一）推进农村志愿服务是实施乡村振兴战略的题中之义

作为乡村振兴的重要载体，农村志愿服务工作涉及政治、经济、文化、生态建设的各个方面，是促进乡村产业发展、改善人居环境、倡导乡风文明、增加公共服务的重要举措。大量实践表明，农村志愿服务已经成为维护社会稳定、推促农村发展、助力乡村振兴的一支不可或缺的力量。开展志愿服务可以促进先进的科技知识、价值理念、思想精神、文明风尚等传递到农村，加快提升农民群体的基本素质和乡村文明水平，为农村经济社会持续健康发展提供必要支撑。因而，《乡村振兴战略规划（2018～2022 年）》明确提出，要不断健全农村基层服务体系，大力发展农村社会工作和志愿服务，强化社会组织的公益性、互助性和服务性，不断增加乡村公共服务供给。激励各类人才关注乡村社会建设，引导企业家、退休人员、文化从业者、志愿者等投身乡村文化建设，开展群众文化志愿服务活动，推动优秀传统文化弘扬和乡村文化产业发展。[①]

（二）推进农村志愿服务是提高乡村社会文明程度的重要载体

乡风文明是乡村振兴的软性保障，2018 年中央一号文件指出，要繁荣兴盛农村文化，焕发乡风文明新气象，物质文明和精神文明必须坚持一起抓，不断提高乡村社会文明程度。[②] 然而，无论是精神文明建设的起步，还是开展实施的力度和成效，农村一直处在薄弱环节。新时

[①] 《中共中央　国务院印发乡村振兴战略规划（2018～2022 年）》，中国政府网，https://www.gov.cn/zhengce/202203/content_3635338.htm。

[②] 《中共中央　国务院关于实施乡村振兴战略的意见》，中国政府网，https://www.gov.cn/gongbao/content/2018/content_5266232.htm。

期，优化农村社会文化环境，延拓农村精神文明建设，提高农民文化素质，需使用好农村志愿服务这一重要着力点。开展农村志愿服务活动，志愿者一方面可以丰富农村的精神文化生活，另一方面也能借助对社会主义核心价值观的自我践行，强化正能量宣扬，促进民众自觉接受"奉献、友爱、互助、进步"的思想理念，从而导引社会行动，将服务他人、服务社会与个人价值实现呈现于日常生活中。同时，以移风易俗、帮扶救困、孝亲敬老、互助友爱等为主题的日常志愿服务活动，能够直接推动乡村生活陋习祛除、优秀传统文化弘扬、农村思想道德建设加强，促进农民精神风貌提升和文明乡风、良好家风、淳朴民风的培育。可以预见的是，伴随着农村志愿服务在帮扶救困、助学、技术下乡、文化传播、移风易俗、治安、环保等方面的实践展开，日益丰富的不单是农村志愿服务的形式和内容，农村志愿服务文化的形成和发展也将获得极大推动，从而助力于乡村公共文化服务体系建设和乡村文化繁荣发展。

（三）推进农村志愿服务发展是提升乡村治理水平的有效途径

乡村振兴，治理有效是基础。当前，我国经济社会体制改革正在日益深化，乡村结构、利益格局、文化生态已发生重大变迁，要推进新形势下的乡村治理结构完善和乡村稳定发展，必须直面新问题、研究新态势，促进乡村治理体系中自治、法治、德治的有机结合。[1] 加强农村志愿服务工作是深化乡村自治实践和推进乡村治理体系构建的重要举措。不可否认的是，志愿服务作为第三方力量，能够通过组织慈善救助、捐款捐物、结对帮扶等多种方式动员全社会力量，进而有效吸纳社会资源汇入农村，弥补政府在公共服务供给方面的不足，协同推进农村

---

[1]　李三辉：《自治、法治、德治：乡村治理体系构建的三重维度》，《中共郑州市委党校学报》2018 年第 4 期。

社会发展。随着农村志愿服务的发展壮大，志愿服务组织已在政府和民众间搭起了沟通桥梁，成为服务农民、营造农村和谐环境的重要自发力量，是农村社会稳定发展的积极因素，越来越发挥着凝聚民心、帮扶解困、促进民生、疏导民意、维护治安、改善生态、引导风尚的社会治理效用。

二 河南农村志愿服务的运行态势与成效

审视河南的农村志愿服务工作实践可以发现，近年来党中央关于推进志愿服务发展的政策方针在各地得到了积极贯彻，并紧密配合于文明创建工作和新时代农村建设，有力推动了农村志愿服务从无到有、从有到优。

（一）农村志愿服务的阵地化和制度化不断提升

志愿服务站是推进志愿服务制度化、常态化、阵地化的重要平台。截至 2022 年 10 月，全省 157 个县（市、区）、2457 个乡镇（街道）、51122 个村（社区）全部建成新时代文明实践中心、文明实践所、文明实践站。①

一是依托便民服务中心、老年活动中心、文化礼堂等场所，在文明乡镇、城市周边、县城周边等基础条件较好的示范村建立了镇（乡）村两级文明使者志愿服务站，配备了档案柜、办公用具、志愿服装、工具等物品，各项志愿服务制度、便民服务内容、服务队名称及队员名单等内容全部上墙。

二是各地也探索完善了志愿者招募、培训管理、嘉许回馈等制度，

---

① 《"闪耀"新时代标志性成果河南故事 灯火可亲的老家河南澎湃出彩》，大河网，https：//news.dahe.cn/2022/10-15/1115588.html。

极大地推进了志愿服务活动的规范化。如清丰县制定了志愿组织、志愿者星级（1~5级）认证等级标准和奖励办法；汤阴县制定了"好人好事经常做"积分管理办法；方城县研究制定志愿服务回馈奖励办法，在子女就学、景区旅游、公交出行、文明家庭评选、十星级文明户等方面给予优惠优先；唐河县实行志愿服务站"一月一检查、一季度一站队、半年一总结、一年一评先"工作机制。

（二）农村志愿服务组织管理有序优化

一是志愿服务工作的组织领导机制不断健全。濮阳县、方城县、唐河县等地成立了县志愿服务联合会或县志愿服务管理中心，产生了领导机构、办公机构，各乡镇（街道）、村、县直各单位也成立了相应的组织领导机构和工作队伍。如成立有以镇党委政府负责人为成员的志愿服务领导小组，协调推动志愿服务活动开展。

二是构建了"总站（队）—分站（队）—服务队"三级网格化志愿服务体系。如安阳市以乡镇、街道为单位，组建镇级志愿服务总队，搭建三级组织运行架构，即乡镇总队下设直属分队和村分队，分队下设若干小队，形成"指令直接、运行有序、管理高效"的运作机制；唐河县形成了志愿服务站、分站和志愿服务队的三级志愿服务组织体系。

（三）农村志愿服务队伍力量日益壮大

一方面，注册志愿者人数持续增加。全国志愿服务信息系统显示，截至2022年6月，河南省实名注册志愿者人数已达到1344万人，志愿服务团体数量5.8万多个，志愿服务项目70万多个，志愿服务时长2.3亿多小时。[①] 2022年10月，据"河南这十年"主题系列宣传思想文化专

---

① 《河南省注册志愿者人数达到1344万》，河南省人民政府网，http：//m.henan.gov.cn/2022/06-29/2477536.html。

场新闻发布会介绍，河南省有 10 万支志愿服务队伍、1400 万名志愿者常年活跃在城乡街道社区。[①]"有困难找志愿者、有时间做志愿者"正成为一种生活方式。河南各地以推广使用"全国志愿服务信息管理系统"、贯彻落实《志愿服务条例》、践行《河南文明行为促进条例》为契机，大力推动农村志愿者参与注册工作。比如，截至 2023 年 9 月，"志愿之城"濮阳市共有注册实名认证志愿者 84.9 万人，注册志愿服务项目 7 万余个，注册志愿服务团体 2614 个，其城区平均每 3 个人中就有 1 名志愿者。[②]

另一方面，农村志愿服务队组建类型多元。各地积极整合乡镇、村、文明单位、社会组织、企业等社会资源，从服务内容（如清洁家园志愿服务队）、受助群体（如"三留守"志愿服务队）、志愿主体（如巾帼志愿服务队）、行业专长（农业系统志愿服务队）等方面成立了相应的志愿服务队，吸纳各类人群参与志愿服务，壮大了志愿力量。

（四）农村志愿服务的基本项目和特色品牌项目不断丰富

一是基础性志愿服务活动扎实开展。结合农村生产生活实际，各地组织开展了清洁家园、邻里互助、关爱"三留守"、文体活动、民事调解、文明引导、移风易俗等常态性志愿服务活动。

二是打造了一些主题性特色志愿服务品牌。汤阴县以"严党风、抓政风、淳民风、正村风、美家风"建设为主线，设立县、乡、村三级"五风"评议会，开展"农民夜校""岳乡榜样、汤阴模范"等精神文明

---

① 《"闪耀"新时代标志性成果河南故事 灯火可亲的老家河南澎湃出彩》，大河网，https：//news. dahe. cn/2022/10-15/1115588. html。

② 《濮阳：志愿服务绽放城市文明之花》，澎湃网，https：//www. thepaper. cn/newsDetail_forward_24550908。

建设活动，受到了中央和其他主流媒体的广泛关注。濮阳市"老李热线""阳光大厦"被表彰为全国学雷锋志愿服务示范岗，"爱周六"志愿服务项目、文明交通引导志愿服务项目被评为全国最佳志愿服务项目。

三是创新了农村志愿服务活动运作模式。其一，党建+志愿服务模式，如洛阳市组织党员采取就近就便"结对帮扶""一帮一""多帮一"的方法，开展"我们一起奔小康""聚力点亮微心愿""党员进农村集中服务"农村志愿服务活动，协调村内外各种组织和志愿者开展活动，树立了党员开展志愿服务的标杆。唐河县依托党员志愿者主体开展"党心连民心、亲情进万家""四个一"活动（每月做一件好事、参加一次公益活动、找社区居民聊一次天、帮助群众解决一个问题）。其二，县直党政机关+乡镇（街道）+社会组织的模式，如方城县采取此模式推进志愿服务项目的设计和实施，一方面要求与群众密切相关的民政、文化、科技、农办等单位推出切实的志愿项目，另一方面动员支持社会组织开展一批社会公益项目。其三，扶贫+志愿服务模式。各地在定点扶贫单位中开展贫困村文明共建打赢脱贫攻坚战行动，开展产业发展帮扶、完善基础设施、美化生态环境、扶贫救困、关爱留守人群与残障人士、文化志愿、引导文明风尚等志愿服务，驻村帮扶干部和帮扶责任人成为农村志愿服务的新生坚强力量。南阳市通过"千企帮千村、万名干部助脱贫""结穷亲、进农户、话农事、解民困"等内容形式，开展"助力脱贫攻坚"党员学雷锋志愿服务活动。其四，文明单位+志愿服务模式。各地市、县市区积极统筹各级文明单位的志愿服务队力量参与农村志愿服务。如南阳市开展以关爱留守儿童、空巢老人、残障人士和保护生态环境等为内容的志愿服务，确立省级文明单位重点帮扶贫困村，市级、县级文明单位对其他行政村实施"一对一""多对一"帮扶。

（五）城乡志愿服务融合得到发展

调研发现，河南开展农村志愿服务工作十分注重以城带乡的志愿服务建设，推动城乡资源共享。一是广泛开展文化科技卫生"三下乡"活动，定期组织专业技术志愿者到乡镇、村进行培训，提升农村志愿者的知识和专业技能。二是积极促进文明单位与农村结对共建。三是动员公益协会、爱心联合会等社会组织开展农村志愿服务。如濮阳市"益点爱助学中心""六一爱心助学中心"等公益组织在帮助留守儿童、失依儿童方面成效突出，南阳市探索了"社会志愿服务组织+乡镇志愿服务站"模式。四是选择农村优秀志愿者到县直部门传授志愿工作经验，增强县直部门对农村志愿服务的针对性。

（六）建立了全国首家志愿服务专项基金

积极为输出"爱心"的志愿服务探索"造血"机制。2017年9月，中国志愿服务基金会与濮阳市志愿服务联合会共同启动"志愿濮阳"专项基金项目，面向全国公开募集资金，探索志愿服务社会化筹融资的创新样本。①建立志愿服务基金会能够为志愿者购买保险，解决其参与活动的后顾之忧，为常态化开展志愿服务提供源源不断的动力。

三 河南农村志愿服务发展面临的问题

（一）基层思想认识不够深入

调研发现，一些基层干部对志愿服务等精神文明创建工作重视不够，认为其重要性远低于经济建设、扶贫、环保等工作，不属于硬性指标任

---

① 《中国志愿服务基金会"志愿濮阳"专项基金项目启动》，中国志愿服务基金会官网，http://www.cvsf.org.cn/news/institution/1504672610199.html。

务，导致农村志愿服务工作存在"闲时不愿意抓、忙时没空抓"的现象。同时，基层群众对志愿服务活动也普遍存在认识模糊、参与度不高的现象，存在简单化、片面化问题，更愿意利用休息时间从事其他工作以提高个人收入，志愿服务意识尚未真正融入农民生活。

（二）农村志愿服务队伍不稳

一是农村志愿服务缺少专职人员，造成志愿服务工作管理缺失，同时各村志愿服务工作大都是由村两委人员兼职开展，缺少志愿服务活动的专门策划和专业知识，限制了志愿服务的层次提升。二是人口流动的大背景下，农村志愿服务人员的老龄化结构趋向明显，青年志愿者力量少成为普遍事实。三是由于缺乏健全的管理制度，志愿者参与志愿活动呈现明显的短期性和随意性，志愿者流动性较大，稳定性不足。

（三）农村志愿服务社会化程度偏低

一方面，现有的农村志愿服务几乎完全是在行政力量的逐步推动下发展起来的。受到政策推动的影响，农村志愿服务多以上级要求开展的大型活动、节假日活动为主，而非主要针对居民的客观需求。任务化与行政化色彩浓厚的志愿服务难免会脱离于普通民众，难以形成社会化效应。

另一方面，缺乏对各类志愿服务组织的统筹协调。党、团、工、妇等各类组织主体独立搭台唱戏，不利于凝聚社会力量、整合社会资源，在一定程度上加重了志愿服务力量分散，带来资源的浪费和未最大化利用。

（四）农村志愿服务专项资金匮乏

资金保障不足是农村志愿服务发展中的一个突出问题。虽然当前各县（市、区）已把志愿服务纳入财政预算，但是乡镇一级仍然没有志愿服务专项经费，到村一级志愿服务经费就更为紧张，农村志愿服务工作普遍面临资金紧缺状况。目前，开展农村志愿服务活动的经费多来源于社会捐赠，政府资金投入机制仍不健全，一方面限制了志愿服务站、志愿者之家等活动阵地设施的配备完善，另一方面也制约了农村志愿服务活动开展的频率和效果的提升，甚至导致一些农村志愿组织难以维持而沦为空壳。

（五）农村志愿服务专业化水平仍待提升

一是志愿服务内容存在局限。占很大比例的志愿服务活动是按上级要求统一开展的，存在为了开展而开展的志愿服务活动，不接地气必然带来效果的流于形式。更为严重的是，高重合度的活动容易给群众留下志愿服务的"刻板印象"。二是不论志愿者和社会大众，还是志愿服务组织，都普遍存在将志愿服务活动进行单一化、简单化处理的思想和行为，势必造成农村志愿服务的多元化需求难以满足的不平衡不充分问题。三是由专业化人才组建的针对性较强的志愿服务队数量相对较少，亟须加快发展。

（六）农村志愿服务保障激励机制亟须加强

调研发现，在农村志愿服务管理制度规范上，志愿者招募、培训、流转、退出等程序的随意性较大，线下志愿者注册登记制度比较混乱，志愿服务记录不完整、不规范或缺失现象较为突出。同时，财政投入不足导致一些志愿组织运转失灵，缺乏对志愿者的有效激励，志愿者在教育、医疗、就业等民生切实领域并未获得有效倾斜，志愿服务缺少长效工作机制。值得注意的是，村级组织更是很少有实力对群众志愿服务提供物质补助，且为志愿者购买保险的覆盖度较低，不能有效维护志愿者的合法权利。

第四节　河南引导社会力量积极参与乡村治理的思路对策

社会力量是参与乡村治理的重要主体。积极培育和引导社会力量参与乡村治理，是新形势下加强和改进乡村治理的重点问题，也是提高社会自治程度、提升乡村治理现代化水平的一个重要途径。具体来说，在推进新时代社会力量积极参与乡村治理实践中需要着重做好以下几个方面的基础性工作。

一　以政府管理与社会自治有效对接，统合自上而下与自下而上的两种治理力量

党的十九大报告明确指出，"要推动社会治理重心向基层下移，发挥社会组织作用，实现政府治理和社会调节、居民自治良性互动"[①]。这就进一步为基层社会治理中政府与社会自治间的关系标定提供了支撑，要加快构建起以互助、合作为指导方针的社会自治机制，不断提升自治水平和能力。要认清政府并非社会治理的唯一主体，切实转变政府职能，适时调整国家与社会、政府与基层间的关系，既要有传统治理体系中的自上而下，也要有自下而上的治理融通，真正从"社会管理"走向"社会治理"，实现治理主体多样化、治理力量多重化。事实上，伴随着社会治理现代化实践的不断推进，基层共治理念和创新意识在治理实践中越来越有"土壤"，公民参与基层公共事务治理的意识与能力也在不断

---

① 习近平：《决胜全面建成小康社会　夺取新时代中国特色社会主义伟大胜利——在中国共产党第十九次全国代表大会上的报告》，《人民日报》2017 年 10 月 18 日。

增强，社会组织和公民个体都应认清自身定位，平等合作地去履行社会治理的主体责任，达到社会治理的理想状态。公共事务需要社会共治，没有公众与不同社会力量的多元参与就谈不上社会共治，社会共治归根到底是主体间的协同治理。因此，推进乡村治理现代化必须要转变政府职能，实现政府管理与社会自治的有效衔接。

二 消除社会组织参与乡村治理的内外障碍，提高社会协同共治能力

分析社会治理的基本内容，治理主体形态无疑是关键议题，也正因如此，多元化治理主体结构程度已成为衡量一个社会单元治理现代化水平的重要指标。而在社会治理主体多元化结构形成的过程中，社会组织及其发展又是十分重要的组成部分和推力来源。事实上，现代社会组织发展的重要意义不仅是作为适应现代社会的必要产物，更是作为政府部门的补充力量，参与到社会治理体系中，弥补政府在公共服务方面的欠缺。培育社会组织是当前完善社会职能的一项重要举措，要不断营造宽松的政策准入和社会环境，谨防行政过度干预，促进社会组织由内而外迸发活力，调动其主动有序参与基层治理，提高协同社会公共事务治理的能力。这首先就需要从制度环境上来保障社会组织参与基层治理的机制、渠道，最大限度地去降低行政力量的无端干预，最大限度地去激活社会组织发展的动力，自发形成有利于其产生的社会氛围和条件，提高社会组织自身的自主自治能力。其次，要放低门槛准入条件，吸引更多的社会组织参与到社会治理的大格局之中，多样化的需求产生多样化的社会组织。再次，政府要认清社会组织、专业社工机构的服务理念与价值认识，真正领会"市场经济越发达，越需要专业的组织、机构和专业

人员从事专业服务"，正确定位社会组织（专业）服务和社工、志愿者、义工在社会治理中的作用，更加重视社会组织参与社区治理的意义。最后，对社会组织的管理应该多采用软性措施，形成健康和谐、诚信自律的社会氛围。

三 大力推动志愿服务融入乡村治理实践，持续提升农村志愿服务质量

毋庸置疑，在中国特色社会主义进入新时代、乡村全面振兴展开实施的当下，加强和推进农村志愿服务对实现乡村振兴、深化乡村精神文明建设、健全乡村治理体系、完善基层公共服务供给意义重大。要真正发挥志愿服务在新时代乡村建设中的积极作用，需充分认清当前农村志愿服务的发展境况，直面问题并寻求突破之道。而如何进一步扎实推进农村志愿服务工作，或可尝试从以下几个方面做出思考。

第一，要切实摆正志愿服务在农村发展中的功能目标定位，把志愿服务事业摆在更加突出的位置，努力让志愿服务成为民众的一种生活方式。以《志愿服务条例》为指引，加强志愿服务政策研究，将其实施成效纳入地方绩效考核内容尤其是衡量文明创建成果的硬指标，积极推进志愿服务工作的制度化、规范化、常态化。

第二，发挥基层党组织在农村志愿服务中的组织领导作用。一方面，坚持为民服务的正确方向，宣传党的主张，领导基层治理，团结动员群众，为各类志愿服务队伍入村开展志愿服务活动提供保障条件；另一方面，积极协调本地有能力有条件的村民参与志愿服务工作，打造充满活力、和谐有序的善治乡村。

第三，健全志愿服务制度体系，适当放宽农村志愿服务组织依法登

记条件，大力提高农村志愿服务站覆盖度，全面做好志愿服务阵地建设工作。制作专门针对农村的志愿服务记时管理办法，切实考虑农民群体的技术操作困境，有效激发群众的志愿热情，完善农村志愿服务激励回馈机制。

第四，加大财政资金投入和鼓励引导社会资源投入，探索设定各级财政支持发展志愿服务事业的经费标准，通过农村志愿服务与政府公共服务项目、公益活动相结合的方式，为志愿服务发展提供支持。

第五，着力建设农村志愿服务人员队伍，事在人为、事靠人为。一方面，运用多种形式来加强志愿服务宣传，吸引更多力量自觉加入志愿者服务队伍；另一方面，要切实做好志愿服务的培训工作，规范志愿服务活动，提高志愿服务的社会化和专业化水平。

第六，积极探索适应时代发展的"互联网+志愿服务"模式，推进志愿服务信息化建设，互联共享各地志愿服务供需信息，优化资源配置和整合，更好地推动志愿服务事业发展。

四　着力培育和发展新型社会组织，引导各种社会力量参与乡村社会事务治理

考察我国乡村社会治理的运转机制和治理体系架构可以发现，党领导下的乡村社会治理运行体系和生动实践已走过百年。其最重大的有益经验就是要坚持党的领导，不仅要坚守党组织作为领导核心的组织架构设计，持续加强农村基层党组织自身建设和服务能力建设，还要切实发挥农村基层党组织的统揽全局、协调各方力量的领导力作用，做好其对群众组织、自治组织和社会组织的带动引领，① 支持集体经济组织、农

---

① 李三辉：《将党的建设贯穿乡村治理全过程》，《学习时报》2021年9月10日。

民合作组织、新型社会组织等民间力量参与经济社会事务治理。尤其需要注意的是，当前河南农村地区的社会组织发展程度较低，孕育机制很不健全，乡村社会组织普遍存在功能定位不准、自身建设不力等问题，专业人才队伍缺乏限制了其专业化水平提高和社会服务能力提升。这就需要我们进一步从治理机制优化上来提升社会治理，以政府、市场、社会的关系理顺集聚社会共治力量，大力培育新型社会组织，不断激活妇联、团支部、残协等社会组织的活力，提升基层社会公共事务治理的"公共参与性""协商共治性"，从而弥补市场化条件下政府在公共服务供给上的欠缺，推动各种社会自治力量积极参与乡村社会治理。

第七章
数字化转型与乡村治理

乡村治理是国家治理的基层基础。实现乡村治理有效和乡村建设质量提升，既依赖合理的治理体系、健全的治理机制，也需要恰当的治理技术应用、多元的治理手段创新，可以说，治理技术与手段是助推治理体系有效运转、支撑治理主体作用发挥的基本载体。一直以来，治理方式融合与治理技术变革，也是促进治理实践深化发展与创新的重要推力。当前，随着信息技术的飞速发展，尤其是以数字化为代表的新兴技术的不断革新，数字时代已经全面来临且在加速演进。裹挟在数字化浪潮中，我国在各个领域、各大行业都推进了数字化改革，数字化正在加速融入我国经济社会发展各领域全过程，深刻影响着人们生产生活的方方面面，驱动了生产生活方式和社会治理方式的深度变革。可以说，我国已经步入了数字社会快速发展的新阶段，"数字乡村"亦成为未来农村社会发展的形态趋势，是乡村全面振兴战略目标下乡村建设的基本实践，而推进乡村治理数字化转型和乡村数字治理也是时代趋势。从这个意义上讲，新时期如何将乡村振兴战略、数字乡村建设、乡村治理现代化有机融合，既是做好新时代新征程乡村建设与治理的重大课题，也是基本任务。

第一节 新时代河南数字乡村建设
与数字化乡村治理

一段时间以来，伴随着新一轮信息技术革命的快速推进，新一代信息技术不断催生新产品、新模式、新生活，数字化社会与社会数字化加速呈现，推进社会治理领域的数字化转型，或者以数字化助推社会治理实践深化已经成为社会共识。毋庸置疑，在数字时代的发展背景下，无论是城市发展还是乡村建设，与时俱进做好信息化事业发展都至关重要，而恰当地把网络化、信息化、数字化应用于经济发展活动、社会民生事业、文化环境建设等领域，将有力地推进社会主义现代化发展和转型进程。本质上看，数字化只是对现代信息技术的一个概念统称，其背后仍然是信息技术或信息化。数字乡村也只是乡村发展形态的一个当代概念。事实上，我国对推进数字乡村建设的实践和政策促进，远远早于其概念产生。历史地看，无论是地域发展上的城乡，还是事业领域上的各行业，信息化建设或依托科技力量都是不同历史时期推进经济社会实践发展的重要途径。不断推进农村信息化建设，提升农业农村科技水平，也一直是做好"三农"工作的着力点。

一 数字乡村建设的政策发展与河南行动

党的十八大以来，中国特色社会主义事业进入新时代，党和国家也从顶层设计和战略愿景目标出发，积极探索符合我国农村经济社会发展实际与时代发展趋势的现代化发展之路。新时代以来，党和国家推进农业农村信息化、现代化事业建设的步伐明显加快。2013年，农业部谋划农村经济工作专门提到，要创建农业农村信息化示范基地，编制农业信息化建设规划，这些工作都为提升农村信息基础设施水平，促进数字乡村建设打下了实践基础。其实，在此过程中，我们所提倡和探索的乡村治理网格化、智能化、智慧化等乡村治理模式都可以看作乡村数字治理实践，与数字乡村建设紧密相连。考究我国农村发展的政策文件可以发现，"数字乡村"这一概念在2018年中央一号文件《中共中央 国务院关于实施乡村振兴战略的意见》中就被强调提出，"实施数字乡村战略，做好整体规划设计，加快农村地区宽带网络和第四代移动通信网络覆盖步伐，开发适应'三农'特点的信息技术、产品、应用和服务，推动远程医疗、远程教育等应用普及，弥合城乡数字鸿沟"[①]，可以说，数字乡村建设也正式成为乡村振兴战略全局中的一个重要领域。也正是从这开始，"数字乡村"建设步入了一个全新的发展局面，新时代农村社会发展也迎来了新阶段。而后，中共中央、国务院印发的《乡村振兴战略规划（2018~2022年）》也强调，要夯实乡村信息化基础，实施数字乡村战略，加快物联网、地理信息、智能设备等现代信息技术与农村生产生活的全面深度融合。[②]

更具有里程碑意义的是，2019年，中共中央办公厅、国务院办公厅印发了《数字乡村发展战略纲要》，其对"数字乡村"做出了权威而清晰的内涵阐释，"数字乡村是伴随网络化、信息化和数字化在农业农村经济社会发展中的应用，以及农民现代信息技能的提高而内生的农业农

---

① 《中共中央 国务院关于实施乡村振兴战略的意见》，中国政府网，https://www.gov.cn/gongbao/content/2018/content_5266232.htm。

② 《中共中央 国务院印发〈乡村振兴战略规划（2018~2022年）〉》，中国政府网，https://www.gov.cn/zhengce/2018-09/26/content_5325534.htm。

村现代化发展和转型进程"①。同时，《数字乡村发展战略纲要》对数字乡村建设的中长期发展目标都做了明确规划，并将数字乡村作为推进乡村振兴战略的重要方向，以乡村信息化建设和数字乡村建设带动农业农村现代化建设发展。2020 年 5 月，中央网信办、农业农村部、国家发展改革委、工业和信息化部联合印发《2020 年数字乡村发展工作要点》，明确了 2020 年数字乡村发展工作目标，部署了 8 个方面 22 项重点任务，旨在优化提升"三农"信息化服务水平，以信息化推进农业农村现代化。② 2020 年 7 月，中央网信办等七部门联合印发《关于开展国家数字乡村试点工作的通知》，部署开展国家数字乡村试点工作。③ 可以说，自数字乡村试点建设以来，数字乡村发展正式步入了实践性建设阶段，数字乡村战略迈入了全面推进的新时期。不仅如此，党和国家基于对我国农村发展现状和历史阶段的科学判断，2021 年的《中华人民共和国国民经济和社会发展第十四个五年规划和 2035 年远景目标纲要》和《"十四五"国家信息化规划》，都进一步就"加快推进数字乡村建设""数字乡村发展行动"做了明确强调。2022 年 1 月，中央网信办、农业农村部等部门印发了《数字乡村发展行动计划（2022~2025 年）》，从八大方面对"十四五"时期数字乡村发展进行了系统安排，提出要加快推进数字乡村建设，充分发挥信息化对乡村振兴的驱动引领作用。④ 2022 年 8 月，中央网信办等四部门发布了《数字乡村标准体系建设指南》，用以强化

① 《中共中央办公厅　国务院办公厅印发数字乡村发展战略纲要》，中国政府网，https：//www. gov. cn/zhengce/2019-05/16/content_5392269. htm。

② 《中央网信办等四部门联合印发〈2020 年数字乡村发展工作要点〉》，中国网信网，https：//www. cac. gov. cn/2020-05/08/c_1590485983517518. htm。

③ 《中央网信办等七部门联合印发〈关于开展国家数字乡村试点工作的通知〉》，中国网信网，https：//www. cac. gov. cn/2020-07/17/c_1596539938841028. htm。

④ 《数字乡村发展行动计划（2022~2025 年）》，中国网信网，https：//www. cac. gov. cn/2022-01/25/c_1644713315749608. htm。

数字乡村标准化建设，到 2025 年，初步建成数字乡村标准体系。① 不难发现，新时代以来中国数字乡村建设政策从初始起步到深化丰富再到体系健全，数字乡村建设的制度建设在不断完善，而数字乡村发展政策的不断优化，也在加速推进着数字乡村战略和乡村全面振兴实践的发展进程。

具体到新时代河南的数字乡村建设发展，河南认真贯彻落实党和国家关于推进乡村振兴战略和数字乡村建设的决策部署，着眼于河南经济社会发展格局、产业形态变革和社会主义现代化建设目标，深入实施数字化转型战略，在推进农业信息化和数字乡村建设上下了很大功夫，也出台了一系列配套政策与指导意见，有力推进了新时代河南乡村振兴进程与数字乡村建设步伐。2020 年 4 月，河南省人民政府办公厅发布了《关于加快推进农业信息化和数字乡村建设的实施意见》，计划用 3~5 年的时间推动全省农业信息化和数字乡村建设取得重要进展，并就如何发展农村信息化、推进数字乡村建设明确了六大方面的重点任务和行动方向。② 2021 年 3 月，为进一步贯彻落实《数字乡村发展战略纲要》《河南省人民政府办公厅关于加快推进农业信息化和数字乡村建设的实施意见》等文件精神，河南省农业农村厅、省委网信办联合印发了《河南省省级数字乡村示范县工作方案》，计划用 3~5 年时间，形成一批推动全省数字乡村发展，加快农业农村数字化转型的先行区和样板县。③ 2022 年 3 月，

① 《中央网信办等四部门关于印发〈数字乡村标准体系建设指南〉的通知》，中国网信网，https：//www.cac.gov.cn/2022-09/01/c_1663666394684797.htm。
② 《河南省人民政府办公厅关于加快推进农业信息化和数字乡村建设的实施意见》，河南省人民政府网，https：//www.henan.gov.cn/2020/04-16/1318713.html。
③ 《河南省农业农村厅 中共河南省委网络安全和信息化委员会办公室关于印发〈河南省省级数字乡村示范县工作方案〉的通知》，河南省农业农村厅网站，https：//nynct.henan.gov.cn/2022/07-13/2486366.html。

《中共河南省委 河南省人民政府关于做好 2022 年全面推进乡村振兴重点工作的实施意见》指出，要推进数字乡村建设，实施数字政务工程，推动"互联网+政务服务"向乡村延伸，提升社会管理、民生保障、应急管理等水平。① 2023 年河南省委一号文件《关于做好 2023 年全面推进乡村振兴重点工作的实施意见》指出，要大力推进数字乡村建设，统筹城乡信息通信网络一体化发展，持续加大农村网络建设投入，加强物联网、大数据、人工智能等信息技术在农业生产、农产品加工、冷链物流、农机作业等方面的应用。② 2023 年 4 月，河南省人民政府发布了《河南省加强数字政府建设实施方案（2023~2025 年）》，提出要以数字政府建设带动数字社会建设，接力实施新一代农业农村信息基础设施建设工程，开展数字乡村示范县创建，加强农业农村大数据应用，通过数字手段推动优质资源向乡村延伸，加快消除城乡"数字鸿沟"。③ 总之，新时代以来，河南始终积极主动贯彻落实《中共中央 国务院关于实施乡村振兴战略的意见》《数字乡村发展战略纲要》《"十四五"国家信息化规划》等战略部署安排，立足数字时代背景下的河南乡村发展实际与历史趋势，坚持将推进数字乡村建设作为实现河南乡村全面振兴的有力抓手，着力发挥信息化、数字化在推进河南农业农村现代化中的支撑作用。

二 数字乡村战略下的河南乡村数字治理

乡村治理是乡村经济社会发展的基础保障。直面数字时代的加速演

---

① 《中共河南省委 河南省人民政府关于做好 2022 年全面推进乡村振兴重点工作的实施意见》，河南省人民政府网，https：//www.henan.gov.cn/2022/03-29/2421957.html。
② 《中共河南省委 河南省人民政府关于做好 2023 年全面推进乡村振兴重点工作的实施意见》，河南省人民政府网，https：//www.henan.gov.cn/2023/04-10/2721679.html。
③ 《河南省人民政府关于印发河南省加强数字政府建设实施方案（2023~2025 年）的通知》，河南省人民政府网，https：//www.henan.gov.cn/2023/05-09/2739949.html。

进和数字乡村建设的日益推进，乡村社会治理领域内的"数治"理念与数字化转型实践不断凸显，乡村数字治理已成为推进乡村治理现代化的基本趋势，以数字化赋能乡村治理、引领农业农村现代化，也成为助推新时代乡村经济社会高质量发展的重要渠道。新时代农业农村现代化发展，需要推进与之相对应的乡村治理体系和治理能力现代化，这一点自2013年党的十八届三中全会以来一直在持续跟进强化，因为乡村治理是乡村发展的基础支撑。尤其是自党的十九大提出乡村振兴战略以来，如何不断夯实乡村振兴治理基础、推进乡村治理现代化，一直是做好我国农村工作的主要议题。换言之，新形势下，加强和改进乡村治理，既是推进基层治理现代化的重要内容，也是提促数字乡村建设、实现乡村振兴的载体支撑。

事实上，乡村数字治理既是数字乡村建设的基本内容，也是运行基础。乡村数字治理的背后是"技治"，旨在以现代信息技术融入乡村治理实践、提升乡村治理效率，进而为推进新时代乡村建设提供坚实的治理基础。实际上，我国一直都重视治理实践中的科技支撑，强调要将现代信息技术广泛应用于生产生活场域并发挥作用。2016年10月9日，习近平总书记在中共中央政治局第36次集体学习时提出了网络强国建设的"六个加快"要求，强调要"加快用网络信息技术推进社会治理"。①2017年，党的十九大报告也就做好社会治理创新工作提出，要"提高社会治理智能化水平"。不难发现，我国十分注重随时代环境变化创新发展网络化治理、信息化治理，而信息化、网络化、智慧化等技术形式都属于数字化的前身。从我国的乡村数字治理实践看，2018年中央一号文

---

① 《习近平：加快推进网络信息技术自主创新　朝着建设网络强国目标不懈努力》，中央网信网，https://www.cac.gov.cn/2016-10/09/c_1119682519.htm。

件在提出实施数字乡村战略的同时，也就推进乡村信息化建设、做好乡村治理工作进行了谋划，即"加快农村地区宽带网络和第四代移动通信网络覆盖步伐，开发适应'三农'特点的信息技术、产品、应用和服务"，"探索以网格化管理为抓手、以现代信息技术为支撑，实现基层服务和管理精细化精准化"。① 2019 年，《数字乡村发展战略纲要》提出，要"着力发挥信息化在推进乡村治理体系和治理能力现代化中的基础支撑作用，繁荣发展乡村网络文化，构建乡村数字治理新体系"。② 随后，《数字乡村发展行动计划（2022~2025 年）》专门部署了"数字治理能力提升行动"，强调要完善农村智慧党建体系，推动"互联网+政务服务"向乡村延伸，提升村级事务管理智慧化水平，推动社会综合治理精细化等，力争到 2025 年实现乡村数字化治理体系的日趋完善。③

从河南的乡村治理实践上看，近年来，河南在迎接数字时代中，始终重视网络化、信息化、智能化等信息技术在社会治理中的广泛应用，不断健全完善新时代乡村治理体系，更好地发挥数治在基层社会治理中的重要作用。2020 年，河南省发布的《关于加快推进农业信息化和数字乡村建设的实施意见》明确提出，要"用数字化引领驱动乡村发展，提升乡村治理能力"，不断推进城乡数字化融合，增强乡村数字化发展能力，提升乡村数字化治理水平。④ 《河南省省级数字乡村示范县工作方案》也重点强调，要在数字乡村建设中提升治理能力，推进乡村治理数

① 《中共中央　国务院关于实施乡村振兴战略的意见》，中国政府网，https：//www.gov.cn/gongbao/content/2018/content_5266232.htm。

② 《中共中央办公厅　国务院办公厅印发数字乡村发展战略纲要》，中国政府网，https：//www.gov.cn/zhengce/2019-05/16/content_5392269.htm。

③ 《数字乡村发展行动计划（2022~2025 年）》，中国网信网，https：//www.cac.gov.cn/2022-01/25/c_1644713315749608.htm。

④ 《河南省人民政府办公厅关于加快推进农业信息化和数字乡村建设的实施意见》，河南省人民政府网，https：//www.henan.gov.cn/2020/04-16/1318713.html。

字化，不断推动信息化与乡村治理深度融合，提升乡村治理智能化、精细化、专业化水平。[①] 2023 年河南省委一号文件再次强调，要扎实推进宜居宜业和美乡村建设，实施数字政务工程，推进数字技术在民生保障、社会管理、安全管理等方面的应用，促进信息化与乡村治理深度融合。[②] 不难发现，以数字化为突出表征的现代新兴技术助推乡村社会治理创新已成为时代发展趋势，而加快数字化发展以建设数字河南，推进乡村数字治理以提促数字乡村建设，也是时代任务与实践要求。数字化赋能乡村治理，推进乡村数字治理，是中国式现代化建设的重要内容，是现代化河南建设的内在要求，不仅能够为提升乡村治理科学性、精准化、智慧化等提供科技支撑，也能为推进乡村全面振兴、提升乡村治理现代化提供路径方法。

三　数字化乡村治理的内在本质与特性

从概念定义上看，目前学界对数字化乡村治理、乡村数字治理、乡村治理数字化等，都没有一个明确的清晰界定，而且在很多场景内都相互套用并理解为同义。不过，社会各界也在实践互动中形成了一定的共识。数字化乡村治理是实践发展的产物，其是以数字化技术对乡村治理手段的创新改造，将数字技术深度融合于乡村治理实践，通过构建数字化乡村治理体系，统合传统与现代的治理理念与方式，促进乡村治理现代化和治理效能提升。推进乡村治理现代化一个重要方面或重要着力点，就是推进乡村治理体系现代化，因为无论是开展乡村社会事务治理，还

---

① 《河南省农业农村厅　中共河南省委网络安全和信息化委员会办公室关于印发〈河南省省级数字乡村示范县工作方案〉的通知》，河南省农业农村厅网站，https：//nynct. henan. gov. cn/2022/07 - 13/2486366. html。

② 《中共河南省委　河南省人民政府关于做好 2023 年全面推进乡村振兴重点工作的实施意见》，河南省人民政府网，https：//www. henan. gov. cn/2023/04 - 10/2721679. html。

是强化乡村治理方式创新，都需要有恰当的治理体系来运行于治理实践，并做好与时俱进的健全完善，从而最大限度地推动乡村治理效能展现。不难理解，做好数字时代河南的乡村治理，一个很重要的方面就是，要将数字治理、社会治理数字化转型作为推进河南数字乡村建设的重要内容，加快构建数字化乡村治理体系，这对提升乡村治理现代化水平，夯实推进现代化河南建设的基层治理基础，都具有重要的理论和现实意义。如果说构建数字化乡村治理体系的重要意义为其找到了价值支撑，那么，辨识数字化乡村治理的内在本质与基本特性，则有助于明晰其实践航向。现今，随着数字技术驱动生产生活变革的日益加快，数字社会与数字乡村的建设与发展也在不断推进，社会各界对"数字治理""数字化乡村治理""乡村治理数字化转型"的讨论也越来越多，但仍然存在很多模糊性认识，需要对数字化乡村治理的基本问题加以辨析。因为，这不仅是全面理解数字化乡村治理的关键，也能够防范对数字化乡村治理的研究陷入片面的思维误区，从而更好地把握数字时代下乡村建设与治理的价值情境，不断推动乡村治理现代化的实现。

本质上看，数字化乡村治理是"社会治理"在数字时代的特点外显与历史表现，即突出"数字化"技术特征的社会治理实践。从操作层面上看，数字化乡村治理是将大数据、人工智能等信息技术手段广泛应用于乡村社会事务管理与乡村治理实践领域的活动。其中，构建数字化乡村治理体系是推动数字时代乡村治理实践展开的运行机制，而治理主体借助数字技术嵌入及治理思维转变，可以充分利用数字技术为乡村治理赋能，不断推进乡村治理现代化。具体来说，数字化乡村治理有以下几个方面的基本特征，需要我们在推进新形势下的乡村治理实践操作中予以把握，并做出合理的价值判断。

一是推进数字化乡村治理，构建数字化乡村治理体系不是简单的"技术"注入。数字化乡村治理是数字化驱动社会治理现代化理念变革的产物，它将数字化技术应用到了乡村社会建设与治理实践中，但绝不是单纯的治理方式中的"数治"手段添加，而是"数字技术"与"乡村治理"的互嵌融合，是技术、组织与思想变革，追求的是数字技术赋能治理实践、增进治理效果，以实现"体系结构优化、运行过程有效"的社会治理现代化。

二是推进数字化乡村治理，构建数字化乡村治理体系不等于数字时代的乡村治理体系。数字化乡村治理，不是时代变迁语境下的时间概念演进，不完全等同于数字时代的乡村治理概念，而是运用以数字化为突出特征的现代信息技术为"中国之治"的乡村治理实践引入新范式。数字化乡村治理体系，同数字时代之前的乡村治理体系也不是割裂无涉的关系，而是在延续旧体系基础上的动态性统合调整，以数字化治理范式助推乡村治理体系发展健全的空间结构优化。从治理态势看，它要形成的是党建引领、服务导向、资源整合、信息支撑、法治保障的数字乡村社会治理格局。

三是推进数字化乡村治理，需要以治理机制革新来构建数字化乡村治理体系。数字化乡村治理体系是顺应数字时代的乡村治理结构变化，是乡村治理的数字化转型与数字化乡村治理实践拓展，是"数治"方式融入乡村治理体系的实践行动，通过"自治、法治、德治、数治"的有机融合，构筑共建共治共享的数字乡村治理体系。应当看到，推进数字化乡村治理，构建数字化乡村治理体系，要防范陷入过度的"技术"偏好，其核心指向是实现乡村治理有效，不断推进乡村治理体系和治理能力现代化。

总之，数字化乡村治理的本质在于治理，只是在方法和手段上强调运用数字化技术作为科技支撑，将数治与原有的自治法治德治有机融合，助推实现乡村治理现代化。

第二节 河南推进数字化乡村治理的基本逻辑

数字时代下的河南乡村治理基础、治理结构、治理格局已发生深刻变化，与之相对应的乡村社会治理体系也需不断健全完善，即推进乡村治理的数字化转型。新时代新征程，加快推进数字乡村建设，构建数字化乡村治理体系，不仅是基层治理现代化与"数字河南"建设的重要内容，也是促进乡村振兴、推动乡村治理效能提升的现实需要。

一 推进数字化乡村治理是"数字河南"建设的重要内容

随着新一轮科技革命和产业变革的蓬勃发展，全球范围内的数字化发展速度之快、影响领域之广前所未有，可以说，数字化已经成为世界各地推进经济社会发展的重要引擎和重要驱动力。面对全球发展的新形势和新挑战，党中央、国务院一直十分重视我国各个领域的数字化发展。2015年，习近平主席在第二届世界互联网大会开幕式上首次正式提出推进"数字中国"建设的倡议。2017年，党的十九大报告明确提出要建设数字中国，把加快推进"数字中国"建设升级为了国家战略。为了贯彻落实党中央、国务院战略部署，推进现代化河南建设，河南在2021年的第十一次党代会上将"实施数字化转型战略"列为"十大战略"之一，希望以加快建设"数字河南"推动全省经济社会高质量发展。统筹实施数字化转型战略以推进"数字河南"建设，是数字时代推进现代化河南建设的重大决策，对于构建河南现代化发展新优势、全面提升现代化建设水平具有重要意义。从实施数字化转型战略的具体内容表述看，省委书记楼阳生强调，要"突出数字化引领、撬动、赋能作用，加快构建系统完备、高效实用、智能绿色、安全可靠的新型基础设施体系，壮大数字核心产业，推进传统产业数字化改造，全面提升数治能力"①。不难发现，数字经济发展、数字基础设施建设、数字治理是数字化转型战略的主体内容，并且"提升数治能力"可以看作实践目标指向。

从实践上看，为了深入实施数字化转型战略、加快"数字河南"建设，河南围绕数字政务发展、数字社会建设、做优做强数字经济等主题，出台了一系列相关政策支持文件，为河南数字化转型新格局的形成和"数字河南"发展提供了坚实保障。在数字政府建设方面，河南在2023年4月发布了《河南省加强数字政府建设实施方案（2023～2025年）》（以下简称《方案》），提出将数字政府建设作为河南数字强省建设的基础性和先导性工程，旨在以政府数字化、智能化、一体化、便捷化运行，全面推进政府治理流程再造、模式创新和履职能力提升，实现政府决策科学化、社会治理精准化、公共服务高效化、政务运行协同化，引领数字经济、数字社会和数字生态协调联动发展，为现代化河南建设提供数治支撑。② 从《方案》内容看，"构建政府数字化履职能力体系"是核心环节，而推进社会治理数字化、公共服务数字化、生态环境保护数字化、政务运行数字化等，又是政府数字能力建设的重点。从这个意义上来说，数字化治理无疑强化了数字政府建设的关键领域，推进社会治理数字化

---

① 《高举伟大旗帜牢记领袖嘱托　为确保高质量建设现代化河南　确保高水平实现现代化河南而努力奋斗——在中国共产党河南省第十一次代表大会上的报告》，河南省人民政府网，https://www.henan.gov.cn/2021/11-01/2338346.html。

② 《河南省人民政府关于印发河南省加强数字政府建设实施方案（2023～2025年）的通知》，河南省人民政府网，https://www.henan.gov.cn/2023/05-09/2739949.html。

转型，也成为实现以数字政府引领数字河南建设的助推路径。在数字经济和信息化发展方面，河南出台了《河南省"十四五"数字经济和信息化发展规划》（以下简称《规划》），提出坚持数字产业化、产业数字化、数字化治理、数据价值化，着力实施数字化转型战略，推进"2143"重点工程，全面提升数字社会和数字政府治理能力，加快建设数字河南。① 其中，"数字乡村建设工程"是三个数字化治理重点工程之一。同时，《规划》设定的一个主要目标也是实现"新治理"，即通过实施数字化治理工程，以发展高效协同的数字政务推进数字政府建设，以智慧城市、数字乡村建设、智能高效公共服务打造便捷的数字社会，从而全面提升数字化治理能力。此外，"数字化治理体系"也被列为河南省数字经济和信息化发展体系的一个重要方面。在数字乡村建设和数字化乡村治理方面，2022 年 3 月，《中共河南省委　河南省人民政府关于做好 2022 年全面推进乡村振兴重点工作的实施意见》指出，要推进数字乡村建设，推动"互联网＋政务服务"向乡村延伸。② 2023 年河南省委一号文件《关于做好 2023 年全面推进乡村振兴重点工作的实施意见》强调，要大力推进数字乡村建设，统筹城乡信息通信网络一体化发展，持续加大农村网络建设投入。③ 2023 年、2024 年河南省委农村工作会议也都指出，要提升乡村治理现代化水平，"以党建引领乡村治理，深化'五星'支部创建，持续健全'四治融合'基层治理体系"④，"坚持以党建引领基

---

① 《河南省人民政府关于印发河南省"十四五"数字经济和信息化发展规划的通知》，河南省人民政府网，https：//www. henan. gov. cn/2022/02-16/2399852. html。
② 《中共河南省委　河南省人民政府关于做好 2022 年全面推进乡村振兴重点工作的实施意见》，河南省人民政府网，https：//www. henan. gov. cn/2022/03-29/2421957. html。
③ 《中共河南省委　河南省人民政府关于做好 2023 年全面推进乡村振兴重点工作的实施意见》，河南省人民政府网，https：//www. henan. gov. cn/2023/04-10/2721679. html。
④ 《河南省委农村工作会议召开　全面推进乡村振兴　加快建设农业强省》，河南省农业农村厅网站，https：//nynct. henan. gov. cn/2023/02-14/2688600. html。

层治理，深化'五星'支部创建，扎实开展'三零'单位（村、社区）创建，深化自治、法治、德治、数治'四治融合'"①，进而不断提高乡村治理现代化水平和善治程度。不难理解，在"数字河南"建设进程中，无论是《方案》对"推进社会治理数字化"的强调，《规划》对发展数字化治理体系、实现治理数字化的具体部署，还是河南省委一号文件、省委农村工作会议对数字乡村建设与乡村治理的强调，都共同表明了推进数字乡村建设和数字化乡村治理在河南实施数字化转型、推进数字强省建设中的重要地位，也反映了数字乡村建设和数字化治理体系构建是推进"数字河南"建设的基础支撑，而推进数字化乡村治理正是数字时代河南推进乡村社会建设和乡村治理现代化的基本方向。

二 推进数字化乡村治理是河南实现乡村治理现代化的基本支撑

乡村治理是治国理政的重点领域，也是国家治理大厦基础中的基石。如何切实加强和改进乡村社会治理，始终是各级党委和政府的重点工作，也是我国在不同历史时期推进农村社会领域改革、发展壮大乡村社会事业的重要渠道。回望我国乡村治理的发展演进与实践历程，乡村治理理念与实践始终同时代变迁同频共促，无论是概念思想上的"统治—管理—治理"理念变革，还是操作模式上的"松散自治—集权统治—计划管理—改革放权—多元参与"实践发展，乡村社会治理伴随社会发展阶段的"传统社会—现代社会"历史走向也在不断走向现代化。历史地看，实践发展中的乡村治理或乡村治理中的实践发展，就是一个不断走

---

① 《省委农村工作会议召开 推进乡村全面振兴 加快建设农业强省 楼阳生出席并讲话 王凯主持》，河南省人民政府网，https：//www.henan.gov.cn/2024/01-09/2882275.html。

向乡村治理现代化的过程，它体现在治理理念、治理模式、治理手段、治理技术、治理平台、治理主体格局等方方面面。实践上看，党中央一直都高度重视乡村治理工作，中国共产党已领导中国人民深化发展了百余年的乡村治理实践，取得了显著成就。尤其是党的十八大以来，乡村社会治理作为一项重要工作被摆在了突出位置，中央和国家多次重要会议都就推进基层治理或乡村治理提出了意见或下发了文件，全国地方各级党委政府也将加强和改进乡村治理作为重点事项常抓推进。党的十八届三中全会明确提出了全面深化改革的总目标，即完善和发展中国特色社会主义制度，推进国家治理体系和治理能力现代化。党的十九届四中全会又专门研究了"推进国家治理体系和治理能力现代化"的重大问题;[1] 中共中央办公厅、国务院办公厅就做好新时代乡村治理工作，专门下发了《关于加强和改进乡村治理的指导意见》;[2] 中共中央、国务院围绕"加强和改进城乡基层治理"，印发了《关于加强基层治理体系和治理能力现代化建设的意见》。[3] 如何不断提升乡村治理现代化成为城乡社会领域内的重大课题，也成为基层治理实践改革的基本方向。

事实上，当下对"乡村治理现代化"并没有一个确切的定义，但其所包含的基本内容可以从对国家治理现代化的阐释中获得启示，即是要实现乡村治理体系现代化和乡村治理能力现代化。不难理解，如何进一步加强和创新乡村治理，不断提升乡村治理体系现代化是推进乡村治理现代化的主要内容，更是助推乡村治理现代化实现的基本支撑。推动新形势下的乡

---

① 《中共中央关于坚持和完善中国特色社会主义制度　推进国家治理体系和治理能力现代化若干重大问题的决定》，《人民日报》2019 年 11 月 6 日。

② 《中共中央办公厅　国务院办公厅印发〈关于加强和改进乡村治理的指导意见〉》，中国政府网,, http：//www.gov.cn/zhengce/2019-06/23/content_5402625.htm。

③ 《中共中央　国务院关于加强基层治理体系和治理能力现代化建设的意见》，中国政府网, https：//www.gov.cn/zhengce/2021-07/11/content_5624201.htm。

村治理体系健全完善和乡村治理效能提升，应当看到，我们所处的社会发展环境已是数字时代的宏大背景，乡村治理所指涉的经济社会结构、社会主要矛盾、内外发展环境等都发生了重大变化，原有的一套社会治理机制、治理体系，无法完全适应数字化变革驱动下的新的社会态势，需要开展数字时代语境下的乡村治理体系调整变革、乡村治理能力优化，构建数字化的乡村治理体系以深化数字乡村建设，推进乡村治理数字化转型以拓展数字化乡村治理实践。因为，不管是传统社会还是现代社会，抑或是现代社会发展阶段的数字时代，任何社会发展阶段或时代更迭下的社会治理活动，总是依靠合适的治理体系运行于其中并驱动实践，凭借治理体系的合理运转来作用于实践并展现治理功效，依赖与时俱进的治理技术手段来提升治理效率与效能。换言之，推进数字时代下的河南乡村治理现代化，不断提升数字时代河南乡村治理效能，一个重要方面或实践方向就是，植根数字社会实践变化不断改进完善乡村治理体系，推动乡村治理体系的数字化转型，推进数字化乡村治理，从而以更加优化的治理体系、更加有效的治理方式助推乡村治理效能提升，促进乡村善治达成。

三 推进数字化乡村治理是助推河南城乡高质量发展的运行基础

历史已经证明，发展是解决我国一切问题的基础与关键，发展作为第一要务也是新时代新征程必须坚持的重大原则问题。党的二十大报告明确指出，"发展是党执政兴国的第一要务""高质量发展是全面建设社会主义现代化国家的首要任务"。① 坚持高质量发展也是河南"十四五"乃至更

---

① 习近平：《高举中国特色社会主义伟大旗帜 为全面建设社会主义现代化国家而团结奋斗——在中国共产党第二十次全国代表大会上的报告》，《人民日报》2022 年 10 月 26 日。

长时期经济社会发展的主线，是解决河南所面临的各类社会现实问题、风险矛盾的主渠道，更是推进河南发展跨越提质、实现现代化河南建设目标的基础路径。而乡村治理作为影响广大城乡基层地区发展的重要手段与支撑因素，其治理质量与水平高低也深刻左右着农村社会建设层级、乡村振兴水平。聚焦现代化河南建设与河南经济社会高质量发展，从某种程度上来说，乡村治理不仅是现代化河南建设的基本内容、重要手段，更是河南基层社会高质量发展的运行基础、现代化河南建设的前提支撑。从实践上看，河南通过持续加强和改进乡村治理体制机制，在治理实践中发展形成了"党委领导、政府负责、民主协商、社会协同、公众参与、法治保障、科技支撑"的乡村治理机制，健全了共建共治共享的乡村治理制度，打造了人人有责、人人尽责、人人享有的治理共同体，以体制机制的优化保障了治理效能的发挥，筑牢了经济社会高质量发展中的治理制度根基。

新时代新征程，河南农业农村现代化建设的发展背景是数字化变革日益深化的时代，推进河南高水平乡村社会建设的结构基础是数字社会的加速演进与形成。数字时代下的现代化河南建设，无疑给当前的乡村治理提出了新要求、新任务，需要持续推进乡村治理变革，更新乡村治理体系。尤其是面对数字经济发展、数字产业变革、数字社会建设，数字化所驱动的数字乡村建设涉及农业经济、乡村社会事业发展、乡村文化建设、乡村人居环境等，其所产生的变动影响群众生活的方方面面，都会汇集到社会管理和社会服务领域，需要乡村治理创新和变革给予时代回应，进而以乡村数治能力提高促进乡村治理水平跃升，助推乡村振兴实现。结合实践来看，近年来，河南面对数字时代发展机遇挑战和数字社会治理形势，坚持党的全面领导贯穿社会治理全过程、抓牢基层基础，在治理实践中广泛凝聚各方治理力量参与乡村社会事务管理，通过接续健全完善乡村治理体系，基本建立和形成了"党组织统一领导、政府依法履责、各类组织积极协同、群众广泛参与"的乡村治理力量格局。同时，在数字乡村社会治理实践中扩展了"数治"，发展了党组织引领下的"自治、法治、德治、数治"相融合的治理体系，增进了"政府—市场—社会—居民"间的良性互动关系，极大地推动了乡村治理体系和治理能力现代化，提高了乡村治理的社会化、法治化、智能化、专业化水平，有力支撑了城乡基层高质量发展的实践运行。奋力推进数字时代中的现代化河南建设事业，必须加强和创新乡村治理，切实推进乡村治理数字化转型，拓展数字化乡村治理实践，不断夯实新形势下河南城乡高质量发展的运行基础，从而以数字化带动城乡基层治理制度变革，以数字化增强城乡基层治理精准效能，以数字化提促城乡基层治理体系健全完善，不断优化河南高质量发展的制度环境、治理运转环境，筑牢河南高质量发展根基与治理基础。

第三节　河南推进数字化乡村治理的实践探索

伴随着数字时代发展进程和数字乡村建设的加速推进，乡村社会的数字化程度不断加深，以数字技术为代表的信息技术在农村生活实践中的应用与推广越来越深入，现代乡村治理中的"数治"特征也越来越明显。从实践上看，近年来，河南各地都在大力实施乡村振兴战略，在推进数字乡村建设上下了很大功夫，在数字化赋能乡村治理、信息化支撑乡村治理现代化建设上开展了积极的实践探索。总体上看，河南瞄准乡村振兴战略图景和乡村治理现代化目标任务，立足数字技术已深度嵌入乡村实践的现实形势，从发展、技术与治理结合上推进乡村治理体系和治理能力建设，以数字化转型促进乡村治理结构性变革，以数字化技术赋能乡村治理过程，积极构建了党建引领下的乡村数字治理新体系，以自治、法治、德治、数治的"四治融合"推进了乡村治理方式创新与优化。

一 推进数字化乡村治理的典型案例

（一）"数智"助推乡村治理的鹤壁市淇滨区实践

鹤壁市淇滨区是首批国家数字乡村试点县（市、区）。自2020年入选国家数字乡村试点地区以来，淇滨区的数字乡村建设步入了新阶段，通过深入实施数字乡村发展行动，拓展数字化等信息技术在党建、政务、民生等各领域的应用，构建了乡村治理新体系，优化了数字乡村治理生态，打造了数字乡村"淇滨样板"，有力推进了乡村振兴和农业农村现代化建设进程。

具体来看，淇滨区围绕数字乡村建设和数字化乡村治理主要开展了以下几个方面的工作。

一是大力推进数字村庄建设，夯实乡村智能治理的设施基础。近年来，淇滨区坚持把数字乡村建设作为推进乡村振兴战略的重要抓手，结合辖区内不同村庄的特点来谋划数字乡村建设试点工作，重点围绕生产、生态、生活等领域加强乡村基础设施建设，最大限度为数字化应用融入乡村社会建设的方方面面筑牢基础。从实践上看，淇滨区按照"有场所、有人员、有设备、有宽带、有网页、有持续运营能力"的"六有"标准，以网络全覆盖、服务无盲区、运营可持续为目标，建成覆盖所有行政村的益农信息社站点110个，提供农业公益、便民服务、电子商务、培训体验"四大服务"。[①] 淇滨区坚持因地制宜的建设发展思路，推出

---

① 《鹤壁淇滨区：以"数智"助力乡村治理》，人民网，http://henan.people.cn/n2/2022/1123/c378397-40206354.html。

"一村一套餐"的定制服务，通过数字乡村建设切实提升为民服务的便捷性和高效性。

二是着力搭建数字平台，不断提升乡村事务管理效能。近年来，淇滨区深入实施数字乡村发展行动，在各村搭建了一个综合服务平台，其涵盖了智慧党建、网格管理、乡村治安、农业生产、人居环境等各个功能，让村民享受到了"办事少跑腿、数据多跑路"的生活服务。同时，建设了涵盖区、乡、村三级的服务网络，打造了一系列农业应用场景，组建了一批数字乡村运营服务团队，通过把数字化、信息化应用到乡村治理实践，提升了乡村治理数字化水平。在"数字党建"方面，淇滨区借助互联网技术打造了"互联网+智慧党建"平台，进一步规范和增强了基层党组织建设，优化了基层党建工作日常管理，助推了农村党建工作质量和水平提升。在乡村事务管理数字化方面，淇滨区积极对接河南省政务服务网，大力推进"数字政务"建设，推进党务、村务、财务网上公开，最大限度地从网上办理涉农、涉贫服务事项，提升社会事务管理的规范化、透明化、信息化，不断提高人民群众的满意度。

三是强化乡村安全的科技支撑，不断增强数治能力。近年来，为扎实做好平安建设，维护乡村安全秩序，淇滨区不断优化"互联网+监管"模式，大力推进"雪亮乡村"建设。在交通要道、重点场所、村口等地加强了互联网监控，以数字技术支撑和完善了辖区内乡村的"雪亮工程"体系，基本实现了"数字监管"的全覆盖，有力保障了乡村秩序稳定和生产生活安全。据统计，截至 2022 年 11 月，"雪亮工程"视频监控一类点位达到 2000 余路，覆盖各乡村主要道路和重点公共区域。① 同时，

---

① 《鹤壁淇滨区：以"数智"助力乡村治理》，人民网，http：//henan.people.cn/n2/2022/1123/c378397-40206354.html。

淇滨区还建立和使用了"蓝天卫士"远程监控系统，有效覆盖了全区75个行政村，实现了对乡村苗情、火情、灾情的全天候监管。

(二)"党建+大数据+全科网格"乡村治理的新乡探索

党的二十大报告指出，要"坚持大抓基层的鲜明导向，抓党建促乡村振兴，推进以党建引领基层治理"[①]。近年来，新乡市坚持以高质量党建促进乡村全面振兴，以"五星"支部创建强化基层组织建设，以大数据融合基层治理网格，构建了"党建+大数据+全科网格"的乡村治理机制体系，走出了"党建引领、数字赋能、部门联动、网格兜底、群众参与"的乡村治理新路径。[②] 综合来看，新乡市构建完善的"党建+大数据+全科网格"治理模式有以下几个特点。

一是以党建引领增强乡村治理的组织保障与治理合力。近年来，新乡市始终坚持党建统领乡村治理全域工作，不断增强农村党组织建设以筑牢党的基层基础，创新实行了"四全"（全员、全域、全程、全面）党建模式，健全发展了党建引领乡村治理的新体系。在农村基层党组织建设方面，大力推进"五星"支部创建，实施"固本强基"工程，以政治担当和领航夯实基层组织基础；开展党员"亮作树"（亮身份、作表率、树形象）、干部"联包助"等活动；深化"党员联户"工作法，不断提升基层党组织的凝聚力和治理领导力。同时，把党建服务延伸到所有网格，不断健全"行政村党组织—网格（村民小组）党组织（党小组）—党员联系户"的组织体系，依托党群服务站、新时代文明实践站、文化活动室、综治中心等平台，切实将支部建在网格上，把党员作

---

① 习近平：《高举中国特色社会主义伟大旗帜　为全面建设社会主义现代化国家而团结奋斗——在中国共产党第二十次全国代表大会上的报告》，《人民日报》2022年10月26日。
② 《新乡市运用数字赋能　推进基层治理现代化再上新台阶》，河南省行政审批和政务信息管理局网站，https://dsj.henan.gov.cn/2022/10-10/2620080.html。

用发挥到网格中，推进基层治理工作。据统计，截至 2023 年 10 月，新乡市已建成 3700 多个实体化网格服务工作站，实现村（社区）全覆盖；网格员中党员占比近 70%，党员服务群众的先锋模范作用得到了有效发挥。①

二是充分利用数智赋能增强乡村治理支撑与活力。近年来，新乡市坚持以数治支撑基层治理现代化建设，持续构建完善上下联通的综治网格化信息平台、数字化公共服务平台，逐渐将所有政务服务事项整合到一个门户网站上，实现一网通办、一网统管，大大提升了社会治理服务的便捷化、高效化。在平安建设方面，以数据赋能、信息互通提升治理精细化、精准化，开发上线了"平安新乡 App"，网格员可借助手持终端同综治网格化信息平台联通，推进了视频监控、AI 识别等互联网接入工程，构建了"技防+人防"模式。在社区生活服务智慧化方面，红旗区创新实行了"1134"社区工作法（一面红旗、一个平台、三全服务、四大场景），推广了红旗"e 岗通"社区服务 App，形成了"一口受理，全岗都通"的社会治理服务模式。

三是以"全科网格"与多元共治助推治理效能提升。近年来，新乡市在坚持党建统领、科技支撑的基础上，不断推进自治、法治、德治、数治"四治融合"乡村治理体系建设，综合多重力量打造"多网合一、一格多能"的全科网格，极大地提升了乡村治理质效与群众满意度。在网格化服务方面，新乡市按照各地行政范围、人口数量、党员规模等情况，规划网格、配备网格员，不断探索创新政务、警务、社务"3+N"网格化管理模式，构建"区—镇（街道）—村（社区）—网格"四级联

---

① 《新乡市探索构建"党建+大数据+全科网格"基层社会治理新模式》，河南长安盾，http://www.henanpeace.org.cn/news.html? aid=80776。

动工作机制，在党组织领导下将村（居）民委员会、业主委员会和物业服务机构融入网格建设之中，[①] 打造上下协同、群防群控、城乡一体的全科网格平台。

（三）数字赋能乡村治理现代化的信阳经验

近年来，面对信息时代发展和数字化转型，信阳市深刻认识到技术革命在基层治理实践中的重要作用，切实推进数字赋能基层社会事务管理和治理现代化，围绕"党建引领、条块融合、数字赋能、协同联动"的总体思路，形成了一些数字赋能乡村治理现代化的"信阳经验"。

一是党建统领乡村治理数字赋能。2022 年以来，信阳市着眼于实现高质量发展和高品质生活目标，谋划实施了"1335"工作布局，其中实现基层基础突破是 3 个突破之一，即是要强化党建统领，努力在夯实基层基础上实现突破，重点解决和做好基层社会治理工作。从实践上看，信阳市始终坚持党建统领乡村治理全域全过程，发挥各级党委和党组织的核心领导作用，构建了权责明晰化、条块协同化、流程数字化、指挥一体化、考评多维化"五化"治理体系。

二是着力建设数字乡村治理平台。面对数字乡村建设和乡村治理数字化变革形势，信阳市围绕数字技术嵌入乡村发展实践，大力推进数字技术融入农业生产、乡村治理和乡村生活，积极搭建了集农村党建、公共服务、产业发展、平安建设等内容于一体的数字平台，助推乡村治理与乡村振兴。从实践上看，信阳市在 2022 年 8 月就印发了《信阳市基层治理"H"型数字平台架构设计方案》，部署了乡村治理"H"型数字平台建设的行动安排，其核心内容是围绕"民意诉求办理、高效精准指

---

① 《新乡市探索构建"党建+大数据+全科网格"基层社会治理新模式》，河南长安盾，http：//www. henanpeace. org. cn/news. html？ aid＝80776。

挥、12345热线联通"开展治理工作。具体来看，"H"型的"两纵"分别是指开发民意诉求办理的"上行流程"（包含由基层网格到村乡县市的问题发现上报、事项办理、矛盾化解的"吹哨""非吹哨"机制，目的是"让群众办事更方便"）、开发高效精准指挥"下行流程"（包含由市、县到基层的8条高效指挥通道，目的是"让政府管理更高效"）；"H"型的"一横"则是指联通市12345热线，畅通市、县两级社会治理中心民意诉求转接办渠道，实现基层治理多元化解。[①] 从治理流程运转上看，信阳市通过数字赋能深化"智治"，进一步规范和厘清了各类社会事务管理的权限归属，推动"王"字形治理架构每个层级各司其职，健全完善了县乡村一体化的基层治理体系，依托数字平台实现了基层治理"一张网、一网办"。从治理效果上看，不仅实现了非"吹哨"的网格事项逐级化解在基层，而且"吹哨"事项通过"基层吹哨、部门报到"线上流程，实现了治理力量下沉、重心下移。[②]

三是积极推进社会事务管理下沉和一站式服务。近年来，信阳市结合社会事务管理实际，依托数字平台建设，不断推进众多民生类公共服务事项办理下放至乡镇公共服务中心，让老百姓在家门口就能够快速、便捷地办理各项事务，使群众享受到了资源下沉、权力下放、服务下移中的基层治理改革红利。例如，平桥区平桥街道建立完善了"一中心、两平台、两终端、N场景"的"智慧平办"数字化治理平台，大大提高了为民办事效率和基层治理效能，实现了"让数据多跑路，让群众少跑腿"。

---

① 《信阳：数字赋能基层治理现代化》，人民网，http：//henan.people.com.cn/n2/2022/1011/c378397-40156905.html。

② 《信阳：数字赋能基层治理现代化》，人民网，http：//henan.people.com.cn/n2/2022/1011/c378397-40156905.html。

二 推进数字化乡村治理面临的问题

新形势下，河南乡村建设已步入新阶段，数字乡村建设也成为推进乡村振兴战略和乡村治理现代化的重要渠道。毋庸置疑，数字时代下的乡村治理现代化离不开科技支撑，以数字技术为代表的新兴信息技术越来越成为促进社会生活变革的重要推力。结合河南各地近年来的乡村治理实践看，不同区域、不同社区都在推进乡村治理数字化转型和乡村治理现代化方面开展了一系列实践探索，也形成了一些有益的模式经验。但也必须清醒地看到，当前河南推进数字化乡村治理以助推乡村治理现代化目标实现的工作依然存在不少挑战。在治理实践上，有些地方的乡村治理紧跟时代变迁而因地制宜创新，有些地方的乡村治理"堕距"于发展环境而灵活性调适不足。在治理质效上，有些乡村充分统合力量追求治理有效，表现出多元协同、体系优化和运行有序等场景；有些乡村发展则存在急功近利与形式主义倾向，呈现步入"现代"的片面套用思维误区、治理模式同质化严重、陷入过度的"技术"偏好等现象。总的来说，河南推进数字化乡村治理，在数字治理理念认识、数字化乡村治理机制建设、"表面数字化"风险识别与防范等方面都存在一定的现实阻碍，需要给予重视并加快改进。

（一）数字化乡村治理的思想认识不到位

思想理念是实践行动的先导。数字时代，推进乡村治理数字化转型和乡村治理现代化，必须充分发挥数字技术在乡村社会事务管理和治理实践中的重要支撑作用，认清"数治"理念与方式在现代乡村治理实践中的地位，从而更好地推进乡村治理现代化和乡村社会发展。

一是对数字化乡村治理认识浅显与重视不够。虽然数字化乡村治理的基础支撑是数字化技术，但数字化治理不是简单的技术命题，更多的是现代治理实践的理念性或价值性概念，需要治理主体行为人从价值观念上理解与接纳"数治"，进而将数字技术深度融入治理体系构建、治理方式统合、治理运转过程，在做好乡村治理的现代化转向中提升治理质效。然而，结合一些地方实践操作看，有些基层党组织、治理主体在数字化治理理念更新上存在"堕距"，对数字化治理仍存在着深浅不一的模糊认识，延存着一些思想误区。比如，把数字化乡村治理简单地理解为利用数字技术来开展乡村治理，割裂了技术治理同其他治理手段方式的协同关系，没有看到"数字化"特征突出下的传统治理技术手段的统合。事实上，治理实践是一个不断走向现代化的过程，数字技术也只是当前阶段的最前沿科技代表，最终也会成为历史进程中的传统技术手段，不断实现乡村治理现代化需要传统与现代治理理念、方式与技术的有机融合互促。

二是数字化乡村治理有走向一味开展数字化建设的狭隘实践。诚然，数字化乡村治理所内含的技术元素要发挥作用，需要有可供技术施展功效的基础设施或平台，这就不可避免地进行数据平台搭建、信息化基础设施建设，这些都是开展数字化乡村治理的基础要件。但是，也应当看到，先要条件虽然重要，却不是数字化乡村治理实践的全部，甚至不是最重要的部分。数字化乡村治理或乡村治理数字化，不会随随便便达成，也不会因设备先进而自动获得，需要真正利用信息技术平台或基础设施来作用于实践，用数字技术赋能乡村社会事务管理、乡村治安防护、乡村公共服务提供等，进而实现数字化的乡村治理模式，提升乡村治理效率与质量。然而，从一些地方的乡村治理操作看，数字乡村建设的政策规划、组织动员、资金投入等不可谓不大，在农村的信息化基础设施建设、数据平台建设、软件开发投入上都下了很大功夫，各类 App 应用、服务网站、数据终端设备、网络监控等一应俱全，但在管理服务、群众体验、升级维护上却跟不上现实发展需要，在方便群众办事、助推百姓生活便利上的作用发挥方面大打折扣。令人惋惜的是，一些地方投入大量精力和财力打造的大数据服务中心、数据平台、智慧应用，并没有真正融入治理实践，甚至有的沦为政府追求政绩和装点门面的"摆设"。这些现象背后是对数字化治理的理解偏差，认为数据平台建好了，应用软件、智能终端开发了，数据采集了，就是实现了数字化治理，将数字化乡村治理的实践本质理解为了技术性操作。

（二）数字化乡村治理面临"表面数字化"的行动风险

伴随着数字化转型的加速推进和数字乡村建设的日益深化，以数字化为代表的技术在乡村治理实践中的应用越来越广泛，技术治理成效也不断凸显。一个不容置疑的事实是，数字治理已成为数字时代乡村治理体系和治理能力现代化的重要方向，也是优化乡村治理体系、增强乡村治理能力的重要依托。然而，结合近些年的乡村治理实践和数字化乡村治理发展状况看，数字化在推进乡村治理现代化的过程中，也面临一些行动风险与现实问题。其中，数字化乡村治理实践中的"表面数字化"现象，乡村治理中的数字负担与形式主义问题，在许多地方都不同程度地存在，尤为需要引起重视并加以预防解决。

一是存在不以使用为导向的数字建设，数字建设与应用实践存在不连通问题。一些农村地区的数字化建设是因完成工作任务或"面子工程"而建，其出发点不是为了服务群众、赋能发展，这就导致了数字化建设的随意性与脱域性。有的乡村的数字化基础设施，会因缺乏前期科学规划而重复建设，雷同于已有的社会事务办理手段渠道，或因没有前期调研，偏离实际需求而使用率严重不足，既造成了资源浪费、财政受损，也容易给百姓造成困惑和不满。有的乡村所建立的数字化平台，因技术维护差、使用人数少、操作不方便，乡村社会事务处理和治理运转依然沿用旧的治理方式方法，线上手段并未减轻线下交流的工作压力，产生了数字平台"僵尸化"、线上治理"废墟化"的现象。此外，数字化平台运转的基础是数据，信息的收集与交互也是数字平台赋能治理的基本支撑。从一些地方数字平台的运转情况看，平台所涉及的不同部门间，其所拥有的数据存在信息不畅、信息壁垒问题，而因部门信息不连通、平台不关联，造成多种 App 应用、网格等数字资源的大量浪费，数据没有真正转化为推进乡村治理的依据与动能，而广大干部群众因数字应用带来的工作或负担并未减少。

二是存在不看治理成效的数字化使用，"指尖形式主义"增加乡村治理负担。社会治理中的形式主义问题由来已久，走马观花式调研、以会议落实会议精神、盆景式检查等现象时有发生。数字时代，借助于数字技术、数据平台等工具而开展的乡村治理，也存在"指尖形式主义"的问题，如拍照上传系统、App 应用打卡、工作留痕、线上重复线下工作等。同时，数字乡村建设和治理中的形式主义问题也严重影响乡村治理质效的考核。当前，一些地方对乡村建设、乡村治理成效的评价，数字化建设、数据平台应用是重要依据指标，而且考核方式也在一定程度上依赖数字平台进行，这就诱使一些基层工作人员不得不将大量精力投入美化数据、完善平台信息等工作中来，增加了"工作留痕""台账制作""摆拍"等形式主义工作风险，缩减了对治理实践中问题解决的投入度。

（三）数字化乡村治理的制度体系建设和要素保障仍显不足

当前，推进乡村治理的数字化转型已是社会共识和时代发展趋势，而乡村治理是一个系统工程，其涉及治理体系、治理主体、治理方式、治理技术等方方面面。做好乡村治理的数字化转型或数字化乡村治理，需要建立健全与时代发展相匹配的治理体系机制，搭配补足与治理实践相协调的治理资源要素。

一是数字化乡村治理的制度体系建设仍需强化。推进乡村治理体系现代化，是实现乡村治理现代化的重要内容。置身数字时代发展下的乡村治理，乡村治理体系现代化的一个重要前进方向就是健全完善数字化乡村治理体系。然而，从当前乡村治理的实践看，数字乡村建设试点工作已推进多年，数字技术应用治理场景的创新实践也不断涌现，但乡村治理的制度设计、治理体系机制变革，明显滞后于数字化乡村治理实践，亟须建立健全与数字乡村发展实际相匹配的治理制度与机制体系。在治理建设规划方面，许多地方存在盲目推进数字化建设、数字化治理行动的情况，先投入财力、人力、物力进行碎片化的数字化治理，而缺少中长期的统筹谋划，甚至以先大胆尝试为骄傲。实际上，这正是数字化乡村建设和治理制度顶层设计缺乏的表现，是全局规划意识不足的体现。在治理规则机制方面，许多部门、企业等都基于信息技术建设了智能App 应用、数据系统平台，可以说，现实中的程序平台、技术手段层出不穷。但是，快速发展扩张的数据平台建设，存在运行规则不规范、权责归属不明确、技术标准不统一等问题，各技术平台与智能应用在治理资源共享、治理效能评价上也存在许多不协调的现象，数字化乡村治理呈现"一盘散沙"的状态。同时，数字化治理实践中的相关法律法规政策建设也有所缺失，数据信息在传输、存储、管理、应用的过程中，个人隐私、公共部门数据泄露的风险不断增加，亟须健全数据安全以及隐私保护等法律法规，提升数字化治理的规范化、法治化水平。

二是数字化乡村治理的要素保障仍需提质。从实践上看，河南多地乡村的数字化基础设施布局与建设仍处在起步阶段，先行实践建设的定位普遍不高，数字化乡村治理的"硬件"和"软件"方面还存在诸多短板。在新型基础设施建设方面，受限于经济发展水平，许多乡村的基础设施建设层次都比较低，对标数字化乡村建设目标来升级改造基础设施难度较大，搭建全新的数字化基础设施需要耗费较大财力和技术投入，资金欠缺成为多数乡村推进数字化建设的最大障碍，因此，乡村治理中的数字化设施建设和技术应用还存在较大的提升空间。在人才资源配备方面，乡村人才短缺问题一直存在，而数字乡村建设和数字化治理，又对治理行为人的能力和水平提出了更高的要求，这就进一步加剧了乡村治理人才的紧张程度，也更加凸显了加快补齐补足乡村治理人才队伍的重要性。一方面，推进数字化乡村治理需要引进能够熟练掌握数字技术的基础型人才、具备技术研发优化能力的专业性人才，做好开展数字治理的数据资源收集分析工作；另一方面，推进数字化乡村治理也需要补足以数字技术赋能乡村治理的管理性人才，做好基层领导干部、乡村事务管理人员、村干部等人员的数字意识培养、数字业务能力提升等工作，从而为推进数字乡村发展和数字化乡村治理提供人才支撑。

第四节　河南以数字技术赋能乡村治理的
实践路径

2023 年中央一号文件《关于做好 2023 年全面推进乡村振兴重点工作的意见》指出，要"深入实施数字乡村发展行动，推动数字化应用场景研发推广""完善网格化管理、精细化服务、信息化支撑的基层治理平台"，这就为我们做好当前乡村建设和乡村治理工作提出了目标方向与路径指引。目前，社会主义现代化河南建设正在加速推进，数字经济、数字社会、数字乡村等领域的建设也在不断加速，全面推进数字河南建设成为现代化河南建设全局的重要发力点。数字时代，农业农村现代化和乡村振兴目标指引下的乡村治理也面临新形势，信息化、数字化与智能化已成为推进乡村治理体系和治理能力现代化的重要支撑。换言之，现阶段河南的乡村治理正在经历数字技术带来的治理变革，数字化浪潮推促着乡村治理制度、治理机制、治理方式进行调整，乡村治理无可避免地要走向数字化转型，进而以数字赋能助推乡村治理现代化实现。事实上，"科技支撑"是现代乡村社会治理体制的重要方面，数字技术赋能乡村治理不仅能够提升治理的科学性、精准性，还能为加快推进乡村治理现代化实现注入强大推力。然而，数字技术的治理优势并不会天然地融入乡村治理机制体系，也并不必然会为乡村治理主体行动赋能，需要在乡村治理实践中做好"数字技术"与"治理行动"的耦合，构建乡村数字治理新体系，打造多主体协同、数据与技术嵌套的治理格局，[①]提升乡村治理效能。

新时代新征程，河南要走好以数字技术赋能乡村治理现代化实现和治理效能提升的实践之路，需要在治理策略上明确以下几大方面的基本思路。其一，把数字赋能纳入乡村治理框架，数字化治理发挥作用依赖体系保障、工具优化、主体能力，要服从于追求善治。其二，将健全党组织领导下的乡村治理体系作为主要载体，以数字化手段赋能传统治理要素和创新治理机制。其三，把提升乡村治理能力现代化列为主攻方向，以数字技术带动治理方式变革与治理能力提升。其四，将打造共建共治

---

① 曾文革、高颖：《数字乡村治理的风险场景及规制路径》，《人文杂志》2023 年第 12 期。

共享的数字化乡村治理格局作为中心目标，以数字化驱动治理思想更新与支撑美好生活。具体来说，推进新形势下的乡村治理不断走向深入、稳步前行、呈现成效，我们需要重点做好以下几个方面的基础工作。

一 构建党建引领下的乡村数字化治理机制体系

2019 年，中共中央办公厅、国务院办公厅印发的《关于加强和改进乡村治理的指导意见》指出，"建立健全党委领导、政府负责、社会协同、公众参与、法治保障、科技支撑的现代乡村社会治理体制""健全党组织领导的自治、法治、德治相结合的乡村治理体系，构建共建共治共享的社会治理格局"。[①] 这一指导性政策意见也成为我国做好新时代乡村治理工作的纲领性文件，架构了新时代乡村治理的制度体系与机制，标定了各治理主体的位次关系，各治理方式与治理力量的地位作用。虽然伴随着时代变迁与经济社会结构转型，"数字时代"越来越成为当下的发展背景，数字乡村建设也成为时下乡村发展的重要方向，乡村治理数字化转型的背后依然是科技的治理支撑，需要党组织统一领导来凝聚治理合力，以多元协同机制提升乡村治理成效。

一是坚持党建引领，增强乡村治理统合力。历史实践已经证明，坚持党的领导是我们取得革命建设、改革发展的成功法宝，党的领导是乡村社会建设和治理发展取得显著成就的核心密码。新时代，推进数字乡村社会建设和数字化乡村治理实践，依然要坚持和加强党对乡村治理的全面领导，这既是保障数字时代乡村治理始终保持正确发展航向的根本前提，也是充分发挥党组织领导核心作用以统合各类治理主体与力量的

---

① 《中共中央办公厅 国务院办公厅印发〈关于加强和改进乡村治理的指导意见〉》，中国政府网，http://www.gov.cn/zhengce/2019-06/23/content_5402625.htm。

现实需要。具体来看，处于乡村治理领导核心的党组织，可以通过政策制定、统筹谋划、组织协调等方式，协同党政部门的分工与合作，通过建立党建共治机制、开展党群工作等，协同社会组织、个体等力量参与乡村社会事务治理，进而强化多元主体协作，以共建共治共享打造乡村治理共同体。

二是着力发挥数字技术的乡村治理支撑作用，形成多方参与、系统融合、数据融通的治理新体系。毋庸置疑，技术支撑已成为乡村治理数字化转型的显著要素，而充分发挥以数字化为代表的信息技术在乡村治理中的促进作用，也已成为当前推进乡村治理现代化的实践共识。这不仅表现在治理理念变革中的数字治理融入，也体现在治理手段的技术化、信息化和智能化，"数治"已成为现代乡村治理的基本方式与载体。推进新时代河南以数字技术赋能乡村治理，不仅需要做好乡村治理的数字化转型或乡村数字化治理，还需将数治深度融入自治、法治、德治的治理体系当中，做好乡村治理体系的数字化转型，切实把传统治理与现代技术治理统一起来，形成多主体参与、多重治理力量凝聚的现代乡村治理格局。为此，要积极推动数据共享和整合，通过创新技术，建立数据共享平台和数据整合机制，实现不同数据源的互联互通，最大限度提升治理效率与效能。同时，大力促进数字化平台和应用的发展，建立安全可靠的电子政务平台，通过技术创新拓展公众参与社会事务管理的渠道和反馈机制，实现治理实践的多主体参与。正如党的二十大报告所指出的那样，要"健全共建共治共享的社会治理制度""建设人人有责、人人尽责、人人享有的社会治理共同体"。[①] 应当看到，乡村治理实践具有

① 习近平：《高举中国特色社会主义伟大旗帜 为全面建设社会主义现代化国家而团结奋斗——在中国共产党第二十次全国代表大会上的报告》，《人民日报》2022年10月26日。

复杂性与系统性，需要党委政府、市场、社会组织、个体等多元主体的共同参与，各个治理主体与治理力量都在治理实践中扮演着重要角色。推进乡村治理的科学民主性，应充分尊重多元主体尤其是村民参与乡村社会事务治理的权利，在充分利用数字技术平台基础上为各类社会力量参与乡村治理提供渠道，鼓励不同治理主体在基层党组织领导、信息技术支撑下发挥治理效用，[①] 进而在健全完善乡村治理机制体系中推进乡村治理发展。

二 提升乡村治理多元主体的数字素养与能力

提升乡村治理能力现代化是实现乡村治理现代化的重要内容，而提升乡村治理能力也就是增强治理主体能力和水平。直面数字时代发展和乡村治理数字化转型，乡村社会的各类治理主体需要增强数字化意识，增强运用数字技术的能力本领，以治理能力提升促进治理实践深化、治理效能显现。

一是以数字思维和数字化转型驱动治理主体的理念变革。一方面，要立足乡村发展实际和社会转型趋势，积极拥抱和使用数字技术开展治理实践，充分利用信息化和大数据手段，采集和整理数据信息，及时整合治理资源。同时，建立和完善针对数字治理的规章制度，如制定规范化的技术介入标准，动态跟踪乡村数字化治理实践中的伦理问题；强化乡村治理重点领域的数据监测监管，做好数字技术的风险监管体系建设。另一方面，要坚持在善治终极目标下理性认识"数治"，明确认清数字技术赋能乡村治理中的技术工具属性，"技术治理"的内在本质结构是

---

① 郑琼：《基层治理数字化转型的应然逻辑、现实困境及优化路径》，《中州学刊》2023 年第 9 期。

技术服务于治理目标，保证数字技术秉持服务治理需求、人民需要的基本原则。[①]

二是以数字技术赋能乡村治理主体的治理行动与能力提升。数字时代，乡村治理的各个治理主体都应该培养和提升数字化治理能力，切实以对新型信息技术、数字技术、数字治理的正确认知，提高行动主体开展治理实践的能动性与影响力。具体来看，当前乡村治理的核心主体或行动者，大致包括基层乡镇党委政府、村级党组织、村委会、村民、乡村社会组织。聚焦乡村治理多元主体的治理能力提升，可有针对性地分类开展数字治理能力培养，如对乡镇基层党委和政府主要负责人，重点围绕"乡村振兴战略""数字乡村建设""数字经济""数字治理"的基本理论、发展态势与未来走向开展培训，从经济社会发展全局谋划、农业农村现代化建设规划、乡村治理模式思路上，提升站位认识与思想开拓；针对乡村党支部书记、村委会主任、村组管理者等人群，围绕数字技术发展形势、数字技术应用、数据平台载体等主题，开展具有实操性的培训。

三　着力健全完善数字技术赋能乡村治理的保障体系

一直以来，资金、人力、基础设施等资源要素，都是开展社会治理实践活动的重要保障与支撑条件。分析来看，相较于自治、法治、德治的治理方式，数治因其对现代技术的更多依赖，而需要相对专业的基础设施条件、相对集中的财力投入、相对专业的人才队伍。因此，推进新形势下河南以数字技术赋能乡村治理，应当注意做好治理"硬件"设施

───────────────────────

① 吴新星：《数字技术赋能城市基层治理的行动障碍与突破策略——基于 S 市 G 区 F 街道数字治理创新实践的参与式观察》，《河南社会科学》2022 年第 6 期。

的配备和"软件"强化，着力构建起"党建引领—财力投入—人才优化—法治保障"的立体化治理保障体系。

一是强化基层党组织的统筹协调，做好数字技术赋能乡村治理的组织保障。农村基层党组织要切实强化政治建设，将党的建设贯穿乡村治理全过程、各领域，以党的路线方针的全面贯彻来把稳乡村治理方向。同时，农村基层党组织要不断强化其对乡村数字化治理的统筹领导、组织管理与监督服务，做好农村基层党组织工作的数字化建设。[①] 此外，农村基层党组织还要发挥好其协调各方的组织引领作用，做好与乡镇党委政府、村委、村民、社会组织等主体间的桥梁联系工作，进一步增强乡村治理多元主体间的互动性、协同性，推进党组织建设与数字乡村治理的有机融合。

二是加强乡村治理的经费支持，加快建设与数字乡村发展相匹配的数字化基础设施。资金投入是开展乡村治理各项实践活动的基本前提和保障。推进乡村治理数字化转型，其中尤为关键的一点就是数字技术的研发与应用，没有资金保障是行不通的。因此，要立足乡村经济社会发展实际，尽可能地将经费投入向乡村治理领域倾斜，以良好的资金保障来支持数字化治理设备的运转与更新维护。谈到数字技术的应用与治理嵌入，其展开前提是拥有适配技术的基础设施，这就需要我们做好乡村治理中的数字化基础设施建设。要瞄准夯实乡村治理基础设施的数字底座，加强对现有基础设施的整合优化、提质升级与数字化改造，持续推动数字化、智能化、信息化等技术在乡村社会生产生活上的覆盖度。事实上，数字化基础设施建设程度如何也在很大程度上依赖乡村治理的资

---

① 郑琼：《基层治理数字化转型的应然逻辑、现实困境及优化路径》，《中州学刊》2023 年第 9 期。

金投入水平，从这个意义上来说，资金要素是基础中的基础。

三是着力补强乡村治理人才支撑。事在人为，乡村治理事业发展需要源源不断的人才来推动，乡村数字化治理实践更需要专业性的人才来推进。一方面，要立足现有人才资源情况，采用专题讲座、专业知识讲授、实操训练等方式，对乡村干部、社会管理人员等进行数字治理培训，提升其利用数字应用平台收集、分析数据的能力；另一方面，要坚持市场导向，做好数字化人才的引进计划，加大与高等院校和企业的合作力度，开展乡村治理数字化人才的引进和培育，依据本地发展实际开展有针对性的定制培养。①

四是要夯实数字技术赋能乡村治理的法治保障。要重视数字技术治理的伦理困境和数据隐私保护问题，加快建立完善与数字治理相关的法律法规，完善乡村治理数据共享开放制度规范和安全监督机制，加大对泄露乡村社会治理数据行为的惩戒力度，不断消除数据安全法律灰色地带。②

---

① 郑琼：《基层治理数字化转型的应然逻辑、现实困境及优化路径》，《中州学刊》2023年第9期。

② 郑琼：《基层治理数字化转型的应然逻辑、现实困境及优化路径》，《中州学刊》2023年第9期。

第八章

治理现代化：新时代河南乡村治理的发展指向

　　加强和改进乡村治理是时代任务。伴随着乡村经济社会发展阶段的变化，当前乡村治理的发展环境、社会基础、技术力量元素等都发生了显著变化，乡村治理理当随治理实践的深化发展而不断走向现代化，统一于乡村社会的现代化发展进程。本质上看，乡村治理是国家治理的基石，乡村治理现代化是实现国家治理体系和治理能力现代化的基础工程。当前，新形势下的社会主义现代化河南建设已经开启，不论是乡村振兴、城乡融合发展、国家治理现代化等国家战略，还是幸福美好家园建设、"两个确保"目标实现都对乡村治理提出了新的更高要求，走好新征程中的乡村治理之路需要持续推进乡村治理体系和治理能力现代化，不断夯实现代化河南建设的基层治理基础，确保人民安居乐业与社会安定有序。直面新征程中的河南乡村治理，需全面理解乡村治理现代化的逻辑理路、内涵特质与评价向度，充分把握乡村治理的时代变迁与价值情境，紧紧抓住乡村社会治理有效的基础要件，不断强化乡村党组织的治理领导力，完善乡村治理制度机制，提升"一核多元"治理主体能力，优化革新乡村治理方式，从而全面提升乡村治理效能。

第一节　河南推进乡村治理现代化的时代背景①

放眼世界各地社会发展历程，农村与乡村社会都是常见的社会发展原始形态，乡村社会治理问题也由此成为国内外学界共同的关注焦点。于国内而言，重视基层社会治理、乡村治理、城乡社区治理等研究主题，更是较为传统且稳定的学术与实践议题。新时代以来，"乡村治理现代化"研究也步入了新阶段，推动乡村治理现代化转型已成为政府与社会的共识。

一　研究基础

（一）国外相关研究动态

一是探究现代化进程中的城乡关系理论演变。城乡关系的理论渊源可追溯至亚当·斯密的"乡村—城市"的自然顺序论，其在 1776 年的《国富论》中系统阐述了城乡关系自然演变的过程。此后，德国经济学家杜能在 1826 年发表的《孤立国同农业和国民经济的关系》中指出，城乡产业要合理分工布局。马克思、恩格斯继承近代古典经济学的优点，进一步强调了农业的基础地位和工农城乡协调发展的必要性，将"城乡融合"作为未来社会的重要特征。而后莱特、舒尔茨等学者分别从不同角度提出了城乡均衡发展理论。20 世纪 50 年代之后，西方的城乡关系理论取得新突破，形成了"刘易斯—拉尼斯—费景汉""乡村城市发展战略""上下互动的城乡融合"等理论模型。世纪之交，"城乡协调发展"新理论的陆续提出，也推动城乡发展进入一个崭新的时代。

---

① 本部分内容参见李三辉《乡村治理现代化：基本内涵、发展困境与推进路径》，《中州学刊》2021 年第 3 期。

二是关注中国乡村社会发展。早在 20 世纪上半叶，国外学者就对中国乡村治理开展了相关研究。改革开放之前，国外学者主要偏重于描述中国农村社会；改革开放之后，外国学者通过田野调查来研究中国乡村治理。国外学者多采取多元价值的立场对中国乡村社会发展进行探索。

三是国外乡村治理现代化典型模式的涌现。许多学者都关注到了发达国家和地区乡村治理模式的经典个案，如日本"一村一品"运动、韩国"新村运动"、美国农村小城镇发展①，更有学者从多中心治理理论视角概括与提炼了 8 种主流模式。②

（二）国内研究现状

1. 现代化进程中的城乡关系变迁

"城乡关系"一直是国家治理体系的重要内容，城乡如何存在、怎样实现更好的发展，始终是党和国家以及社会各界广泛关注的话题。特别是进入 21 世纪，2002 年党中央提出了"统筹城乡经济社会发展"，中国现代化建设的政治话语发生了关键转向，城乡关系得到学界的广泛讨论。2008 年，厉以宁在全国政协"城乡一体化改革新政策"专题协商会上表示，改革开放 30 年来，做好城乡统筹发展的最重要任务，就是改革城乡二元体制。事实上，在建设城乡一体化上，学者们基本上达成了共识，认为其符合城乡发展方向，能有效消解城乡二元分割，实现城乡互补与共融。随后，党的十八大明确指出，城乡发展一体化是解决"三农"问题的根本途径。然而，城乡发展不平衡不充分问题依旧是新时代中国社会的最大现实。党的十九大又提出实施乡村振兴战略，建立健全

---

① 孔祥智：《美国农村小城镇的发展》，《中国改革》1999 年第 7 期。
② 沈费伟、刘祖云：《发达国家乡村治理的典型模式与经验借鉴》，《农业经济问题》2016 年第 9 期。

城乡融合发展体制机制和政策体系，用"城乡融合"发展理念取代了"以城统乡"发展思路。

2. 社会转型发展中的乡村治理

乡村社会治理一直都是基层治理的重点和关键。伴随着日益深刻的社会变迁和社会治理问题复杂，乡村治理研究也与时代同频共振，逐步深入并聚焦以下五个方面。

一是探寻乡村治理模式。我国乡村走过了"统治—管理—治理"过程，大致经历了"政权不下县""乡绅自治""政权下乡""人民公社""乡政村治""自治法治德治相结合的乡村治理体系"等基本模式。

二是关注治理主体多元化。改革开放以来，特别是在经济社会发展程度较高的地区，"能人治村"等多元精英主导的村落治理特征明显。[1]乡村治理大致包括三重力量：国家政权组织或者准国家政权组织如乡镇党委政府、村两委等正式力量，以村民为主体的自治力量，各种民间社会组织力量。

三是聚焦现代化进程中的乡村治理问题。城乡一体化进程既带来了农村社会变革，也解构了传统乡村治理，更直接暴露了城乡二元结构矛盾、城市文明与乡土传统的矛盾、乡村"空心化"、内生动力不足问题，[2]表现在秩序上是礼俗消解与现代规则待建，在村治上是权力分化与自治困境，[3]如基层党组织组织能力薄弱、治理方法单一、制度权威碎片化、治理目标不明确或与治理需求及环境不吻合、群众参与度低等。[4]

---

① 卢福营：《经济能人治村：中国乡村政治的新模式》，《学术月刊》2011 年第 10 期。
② 焦石文：《乡村振兴视域下的治理转型》，《学习论坛》2018 年第 11 期。
③ 冷向明、范田超：《流动中的乡村：社会基础变迁与有效治理实现》，《求实》2016 年第 1 期。
④ 余阳：《当代乡村治理面临的新挑战》，《人民论坛》2018 年第 12 期。

四是总结乡村社会形态转换。"乡土中国"[①] "半熟人社会"[②] "无主体熟人社会"[③] "断裂社会"[④] "弱熟人社会"[⑤] "后乡土中国"[⑥] "并未发生质变的熟悉社会"[⑦] 等概念是学者们对中国乡村社会,尤其是深度社会转型下的乡村形态解读。而乡村振兴则是新时代乡村形态转换的主推力。

五是建设乡村治理新体系。党的十九大以来,健全党组织领导下的自治、法治、德治相结合的乡村治理体系,已成为乡村治理体系建设的主逻辑。许多学者都赞同,"三治结合"是实现新时代乡村治理体系重构创新[⑧]、通往善治的基本路向。[⑨]

3. 乡村治理现代化的研究态势

目前,学术界关于乡村治理现代化的讨论主要集中在以下几个方面。

一是乡村治理现代化的提出及其内涵特质。党的十八大以来,尤其是党的十八届三中全会提出国家治理体系和治理能力现代化的改革总目标,置于国家治理现代化语境下的乡村治理现代化探讨逐渐增多。许多学者都指出,乡村治理现代化是国家治理现代化的重要内容,治理体系与治理能力现代化是基本内涵,当围绕治理体系、治理主体、治理目标、治理方式等要素来阐述。

---

① 费孝通:《乡土中国 生育制度》,北京大学出版社,1998。
② 贺雪峰:《论半熟人社会——理解村委会选举的一个视角》,《政治学研究》2000 年第 3 期。
③ 吴重庆:《无主体熟人社会》,《开放时代》2002 年第 1 期。
④ 孙立平:《断裂:20 世纪 90 年代以来的中国社会》,社会科学文献出版社,2003。
⑤ 苟天来、左停:《从熟人社会到弱熟人社会》,《社会》2009 年第 1 期。
⑥ 陆益龙:《乡土中国的转型与后乡土性特征的形成》,《人文杂志》2010 年第 5 期。
⑦ 刘少杰:《中国市场交易秩序的社会基础——兼评中国社会是陌生社会还是熟悉社会》,《社会学评论》2014 年第 2 期。
⑧ 邓建华:《构建自治法治德治"三治合一"的乡村治理体系》,《天津行政学院学报》2018 年第 6 期。
⑨ 邓大才:《走向善治之路:自治、法治与德治的选择与组合——以乡村治理体系为研究对象》,《社会科学研究》2018 年第 4 期。

二是探讨乡村治理现代化的衡量标准。肖立辉认为，乡村治理现代化是乡村社会从传统治理向现代治理转变的长远目标，其指标体系包括科学化、民主化、制度化、法治化、理性化、标准化、信息化。[①] 邵宏珠表示乡村治理现代化体现在治理主体多元化、主体互动合作化、治理方式制度化与科学化。[②] 姜晓萍等强调乡村治理现代化价值取向不仅包含公平化、有序化和民主化，还涵盖法治化、文明化、科学化。[③]

三是分析乡村治理现代化的问题困境。有学者认为，我国乡村治理长期保持"简约"形态，忽视了社会性成分，现代化乡村治理要协调好民生与民主、技术化治理与群众路线、"村治"与"乡政"三对关系。[④] 吕德文指出，当前乡村治理面临国家与农民关系失衡、乡村治理内卷化以及乡村治理去政治化等问题。[⑤] 还有一些学者分析认为，乡村治理现代化存在着治理主体上的行政化、治理规范上的法治化缺失、支离化的治理结构以及现代治理体系未形成等问题。[⑥]

四是探寻乡村治理现代化的实践路径。在宏观策略方面，不少学者认为要在整体上聚焦治理体系完善、增强治理主体能力，构建党领导下的"三治结合"治理体系和多元化治理格局；[⑦] 确立乡村治理的现代化方向与理性化进路，克制乡村治理的浪漫主义，[⑧] 因地选择适宜的"三

---

① 肖立辉：《乡村治理现代化的由来与出路》，《观察与思考》2015 年第 2 期。

② 邵宏珠：《新时代乡村治理现代化的困境与实现逻辑》，《农业经济》2020 年第 9 期。

③ 姜晓萍、阿海曲洛：《社会治理体系的要素构成与治理效能转化》，《理论探讨》2020 年第 3 期。

④ 桂华：《面对社会重组的乡村治理现代化》，《政治学研究》2018 年第 5 期。

⑤ 吕德文：《乡村治理 70 年：国家治理现代化的视角》，《南京农业大学学报》（社会科学版）2019 年第 4 期。

⑥ 伍春杰、郭学德：《乡村治理现代化的现实问题与化解路径》，《领导科学》2019 年第 8 期。

⑦ 赵一夫、王丽红：《新中国成立 70 年来我国乡村治理发展的路径与趋向》，《农业经济问题》2019 年第 12 期。

⑧ 任剑涛、姜晓萍、贺雪峰等：《乡村治理现代化（笔谈一）》，《湖北民族大学学报》（哲学社会科学版）2020 年第 1 期。

治融合"善治体系①。在具体推进路径上，一些学者围绕治理结构系统化、治理主体协同化、治理方式科学化，② 聚焦激发基层活力、治理资源整合③、文化建设、改革治理方式等方面，从制度保障、治理机制、民主法治、文化重构等具体策略上提出了建议。④

总体来说，国内外学界对城乡发展问题、乡村治理、治理现代化与乡村治理现代化进行了广泛研究，对乡村治理现代化的基本内容、问题困境、典型模式和提升路径也做了初步探讨，既有的学术成果为推进本课题研究提供了有益借鉴并启发了思路，具有重要的参考价值。然而，当前研究也存在一些可进一步强化的空间。在研究内容上，乡村治理现代化的理论依赖于治理现代化而本身理论发展不足，乡村治理现代化的基本问题还比较模糊，缺乏对其基本理论问题的辨析，对乡村治理中的问题关注较多，乡村治理现代化问题的针对性研究不足。在研究方法上，乡村治理现代化的抽象性讨论和演绎性辨析较多，当前研究的实证研究、案例分析、经验分析还有待加强。在研究效度上，对乡村治理现代化的基本含义、构成要素、问题表现等方面的碎片化研究较多，对其内涵特质、评价标准、结构性问题的系统研究不足，同时缺乏针对乡村治理现代化新需求和新问题的调研，一些路径方法缺乏可操作性和实效性。

二 实践背景

长期以来，乡村治理都是基层社会治理的重点领域，也是难点、薄

① 邓大才：《走向善治之路：自治、法治与德治的选择与组合》，《社会科学研究》2018年第4期。
② 陈健：《新时代乡村振兴战略视域下现代化乡村治理新体系研究》，《宁夏社会科学》2018年第6期。
③ 李利宏、杨素珍：《乡村治理现代化视阈中传统治理资源重构研究》，《中国行政管理》2016年第8期。
④ 伍春杰、郭学德：《乡村治理现代化的现实问题与化解路径》，《领导科学》2019年第8期。

弱点所在。历史地看，在中国社会形态变化的不同历史时期和社会阶段跃升的不同历史进程，"乡村治理"始终是一个绕不开的重要历史议题，这一议题的动态性推进伴随着乡村治理制度体系的创新与完善、乡村治理实践的丰富与发展、社会治理方式的革新与统合。乡村建设是党和人民的重要事业，乡村治理是国家治理的重要内容和关键领域，也是维护社会健康有序良性运行的坚实基础。党的十八大以来，尤其是党的十八届三中全会提出"国家治理体系和治理能力现代化"的重大时代命题之后，乡村治理现代化问题越来越受到关注并在实践中得到深化。党的十九大报告提出要"实施乡村振兴战略"与"坚持城乡融合发展"，党的十九届四中全会又聚焦"推进国家治理体系和治理能力现代化"，强调要"构建基层社会治理新格局"。特别是党中央分别于 2019 年和 2021 年下发了《关于加强和改进乡村治理的指导意见》《关于加强基层治理体系和治理能力现代化建设的意见》，专门对推进乡村治理现代化作了部署安排与实践指导，可以说，加快推动乡村治理体系和治理能力现代化是一项艰巨且紧迫的时代任务。

新时代，社会主义现代化河南建设正在全力推进，《河南省国民经济和社会发展第十四个五年规划和 2035 年远景目标纲要》里明确"现代化河南建设"的一个重要目标就是建成"一个家园"，即不断满足河南人民对美好生活的向往，建设河南人民幸福美好家园。可以说，"幸福美好家园"标定了现代化河南社会建设的价值追求和目的导向，是人民群众获得感、幸福感与安全感的集中体现。而幸福美好家园建设目标的实现，需要有良好的治理环境与生活秩序做支撑，这就指向了必须做好河南全域内的社会治理工作，尤其是保障好基层社会治理成效。从国情和省情的实际看，河南是人口大省和农业大省，有着广阔的农村地区和庞大的农村人口，因此，切实加强乡村治理基础工作的意义重大性尤为突出与明显。不过，由于历史和现实原因，乡村一直面临着发展困境与治理难题。伴随着时代发展，乡村治理的经济基础、社会结构、文化支撑等都发生了重大调整，乡村治理理念、范围、主体、方式等都需要进一步创新完善，不断提升乡村治理现代化程度与质量。因为乡村治理水平能否得到改善提升，既制约着乡村全面振兴的实现状况，也影响着国家治理体系完善和治理能力提升的程度。概言之，奋进新征程，河南需要不断提升乡村治理现代化，这不仅有利于夯实现代化河南建设的治理基础、建成幸福美好家园、维护社会安定有序，也对全面推进乡村振兴、统筹城乡融合发展、稳固全面建成社会主义现代化强国具有重要意义。

第二节　河南推进乡村治理现代化的逻辑理路

中国共产党领导下的河南农村建设、乡村治理工作已行进百年，无论是从党中央设置工作议题的位次摆布，还是专有"一号文件"的形成发展，抑或是河南省委省政府对做好乡村建设与治理工作的一如既往强调，都能直观看出"三农"工作在治国大计中的地位，感受到乡村治理问题在国家发展与现代化河南建设历史进程中的重要影响。加强和创新乡村治理，对于夯实党长期执政的基层基础、确保人民安居乐业、维持国家长治久安意义重大，其紧随时代深化发展的背后是国家治理政策演进、治理发展阶段跃升和民众社会生活需求的价值逻辑。

一　加强和改进新形势下乡村治理的政策导向

党的十八大以来，加强和改进乡村治理被党和国家提到了全新的高度，乡村振兴、城乡融合、治理现代化等一系列变革性、前瞻性思路投向乡村社会，旨在下好农村这盘大棋，统一于国家发展大局。一段时间以来，国家针对乡村发展已实施了几个重大战略部署，如乡村振兴、乡村治理现代化。不仅如此，为了更好地促进各项战略实施与接续推进，国家层级的乡村振兴战略的实施意见、乡村治理指导文件陆续出台，中央一号文件更是持续聚焦输出，这些指导性文件都从不同维度强调要加快推进乡村振兴、乡村治理。党的十九届四中全会也明确指出要"构建基层社会治理新格局"。随后，党中央和国务院又制定了推进未来基层治理现代化发展的框架性文件，即《关于加强基层治理体系和治理能力现代化建设的意见》。不难理解，城乡全面融合、乡村振兴、国家治理体系和治理能力现代化总目标等重大战略皆对乡村治理提出了新标准和高要求，乡村治理亟须在新形势下不断提升现代化水平，以协同于新发展阶段和新发展格局的现实进程。正视现代化推进中乡村发展给乡村治理带来的新变化、新要求与新挑战，加强和改进乡村治理要对标适用主要矛盾转化、乡村振兴、民生发展的现实逻辑。当前，推动乡村治理现代化转型已成为政府与社会的共识，但乡村治理现代化水平滞后于农村社会发展进程也是不争的事实，城乡发展间的不均衡不充分问题是当下中国的突出问题。加强和改进乡村治理是时代任务，必须不断提升乡村治理现代化水平，没有适应新形势的治理理念、治理制度、治理技术的运用、支持和保障，就不能真正实现乡村治理现代化，而没有乡村治理基础的夯实也不可能真正推动乡村振兴，助推乡村现代化实现。

二　不断推进乡村治理现代化的目标逻辑

历史地看，任何一个时期的乡村治理总是与乡村发展的阶段性目标紧密相连，乡村治理既是乡村发展的基础，也是促进乡村发展的手段。面向实现强国建设、民族复兴的历史伟业，走好新时代新征程的乡村治理之路，更要目标明确、靶向坚定，把新形势下的乡村治理同乡村振兴的整体发展战略与全面建设社会主义现代化国家有机结合起来。事实上，不管是近年来出台的乡村振兴系列指导意见，还是连续发布的中央一号文件，都在总体目标上锚定乡村全面振兴的总战略，在乡村治理上追求"治理有效"与"乡村治理现代化"的目标推进。党的十九届五中全会审议通过的未来规划和中期目标，更是吹响了迈向新征程的号角，时代的巨轮正在驶过"全面小康"而奔赴"社会主义现代化强国"的历史进程。治国理政，重点在基层，最突出的矛盾和难点问题在基层，最有希望的创新实践也在基层，而乡村又是基层社会的最大基础。置身全面建设社会主义现代化国家的时代进阶，加快新形势下乡村治理现代化的必要性和重要性则不言而喻，必须把加强和改进基层治理作为固本之计，换言之，乡村治则国家安，乡村强则国家强。不难理解，着眼于现代化国家建设进程，农业农村现代化无疑是中国未来农村发展的建设指向，这一目标既要求新时代的乡村治理实现现代化，同时乡村治理现代化也为农业农村现代化提供社会秩序稳定的发展保障，助推农业发展、乡村建设、农民生活现代化水平提升，统一于国家治理现代化和社会主义现代化国家建设的目标导引。

三　日益呈现乡村治理有效的幸福生活实践逻辑

百余年来，中国共产党始终紧抓农村社会发展问题，在革命、建设、改革等不同时期始终把做好乡村社会治理当作中心工作，摆在突出位置，扎实有力地为民谋解放、兴生产、富生活、提品质，为民服务的宗旨意识从未削弱和改变。历史地看，党领导下的乡村治理在全国各地都积累了较多的成功经验，不同历史时期形成了不同的治理模式，如"乡政村治""三治结合""党建+"。然而，无论时代环境如何变动发展，无论乡村治理结构和治理方式模式如何调整优化，党领导下的乡村治理体系都在各自时期为实现乡村治理有效发挥了重要作用，在历史条件下理顺了乡村治理机制体系，优化了乡村治理结构，稳固了乡村社会秩序，调节了乡村社会关系，改善了乡村气质风貌，增强了民众生活幸福感体验，使得乡村社会发展稳步向前，农村群众生活品质日益提升。当前，河南农村大地已全面建成小康社会，民众生活富足水平、乡村基础设施建设水平、乡风文明生态环境程度都达到了前所未有的高度，一幅幅乡村治理有效的生动实践在中原大地广泛铺开。分析新条件下接续奋斗的乡村治理进程，河南乡村经济社会发展面对的是社会主要矛盾变化、治理现代化指向的新要求。不过，无论时代局势或外部环境如何改变，治理有效的背后都是党和国家对民生建设的重视和追求，人民满意度、认可度始终是衡量治国理政效果、经济社会高质量发展程度的最根本标尺。人心是最大的政治，民心所向是治理的最大质效。做好新时代河南的乡村治理，唯有日益呈现乡村治理有效的幸福生活画卷，才能真正增进广大民众对乡村基层治理的认同感，也才是真正践行了中国共产党的初心与使命，凸显了"人民性"的鲜明特质，而现代化河南建设与乡村振兴也找到了最终归宿。

第三节　乡村治理现代化的基本内涵与特质

观察发现，由于历史和现实原因，乡村治理现代化面临发展难题，其本质理论问题还处于模糊化状态。有些乡村治理现代化研究步入了

"现代"的片面套用思维误区,有些乡村治理发展模式同质化严重而沦为脱离地方实际的"空洞",有些乡村治理现代化实践陷入过度的"技术"偏好。这表明,乡村治理现代化的概念界定、内在特质、价值向度等问题需要厘清。乡村治理现代化的基本内容有哪些?乡村治理现代化的本质特性是什么?

一 乡村治理现代化的基本内容

当下,乡村治理现代化的概念界定在学界没有作出统一,对其内涵的分析也套引自对国家治理现代化的阐释,即认为国家治理体系和治理能力现代化是基本内容,分析其含义应把握治理体系、治理主体、治理手段等基础因素。从概念的细化上来讲,乡村治理体系现代化指涉的是建立并有效运行一系列治理体系,乡村治理能力现代化指涉的是提升治理主体能力。与传统治理相一致,现代化乡村治理在治理内容上也聚焦公共事务、社会秩序、生态环境等层面,在空间结构上也可区分为社区治理、村组治理和家庭治理。在主客体关系上,治理的主体是人或人组成的"组织",包括党委政府、村党组织、村民自治组织、村民和其他社会组织等;治理客体包括村民个人、家庭、公共事务、自然环境和社会秩序等。

总体上看,以乡村治理有效为基准的乡村治理现代化,一方面,要追求乡村善治,构建乡村多元治理主体共建共治共享的体制机制与平台,助推乡村振兴;另一方面,要强化乡村治理能力提升,促进乡村治理现代化、精细化、系统化改革,构建乡村新秩序,夯实国家治理的基层基础。

二 乡村治理现代化的本质特性

正确辨析乡村治理现代化的基本理论问题,不仅是全面理解"乡村治理现代化"的关键，也能够防范研究陷入片面套用思维误区，从而在深层次上分析和把握乡村治理现代化的前进方向。当前，乡村治理现代化的理论依赖于治理现代化而本身理论发展不足，进而导致乡村治理现代化的基本理论问题还处于模糊化状态。应当看到，现代化是动态性空间结构的优化，而非时间序列的演进，不能陷入"现代就是好的"思维逻辑之中。乡村治理现代化不存在确切的定式，不应成为"套路"，是植根于现代发展环境下适时统合改善，且需要优秀传统支持和文化价值维系以提升治理效度。同时，乡村治理现代化意指在现代环境条件下将治理作用发挥出来，它不是同过去对立或与传统割裂，不是现代套路照搬或模式复制，而是与僵化落后、不与时俱进相对立，在当下情境中"随时变易以从道"，因时因地地去动态调适，以展现治理的"善治"本质。此外，乡村治理现代化是解决"三农"问题而不是"消灭"乡村，不同乡村的治理现代化实现存在于坚持治理现代化的普遍性规律和特殊性实践之中。衡量乡村治理现代化可从制度机制、运行体系、目标取向等维度展开，构建治理格局现代、治理结构合理、治理技术科学的乡村治理体系现代化评价标准；在乡村公共服务、事务治理、社会秩序保障上，构建涵盖基层党政组织、村民、社会组织等多元主体的有效治理能力测量指标。

三　乡村治理现代化的评价向度①

需要明确的是，乡村治理现代化面对的是城乡融合发展背景下的乡村，乡村社会形态和社会治理基础已发生深刻变迁，现代与过去在时间

---

① 本部分内容参见李三辉《乡村治理现代化：基本内涵、发展困境与推进路径》，《中州学刊》2021 年第 3 期；李三辉《乡村治理现代化的内涵与目标》，映象网，http：//zkhn.hnr. cn/zkllzx/article/1/1283236266669903872。

坐标轴上容易清晰分界，但现代化却不是简单地同过去对立或与传统割裂，而是与落后、不与时俱进相对立。明晰了乡村治理现代化的具体内涵和基本内容，为我们思考如何来判定乡村治理现代化迈出了第一步，不过，乡村治理现代化的认定应当由一系列指标来综合衡量。那么，达到了何种标准才算是乡村治理现代化？我们认为，治理规则体系、治理理念价值、治理文化支撑、治理技术方式、治理保障机制、治理绩效目标可以作为考察乡村治理现代化的指标向度，分别对应了乡村治理现代化的六大标志：乡村治理制度化、乡村治理民主化、乡村治理德教化、乡村治理精细化、乡村治理法治化、乡村社会善治化。

（一）乡村治理制度化

制度化建设是乡村治理由分散探索纳入国家整体治理的必然选择，乡村治理现代化的重要特征就是治理规则的制度化、治理过程的规范化。制度化治理在价值规则设置和社会行动的互构间形成，制度为行动者提供稳定性环境和合法性手段，个体行动和社会实践选择强化制度的有效性。在治理体制上，乡村治理现代化是建成现代乡村治理的一系列制度体系，如民主制度体系、法治体系、社会管理体系、公共服务体系、社会治安体系等，实现在党的统一领导下，构建完善的乡村治理整体性制度框架。一方面，国家治理的系统性和乡村现实的复杂性决定了乡村治理变革的"自上而下"推动必不可少，中央顶层设计为乡村治理现代化转型提供了制度原则和规则导引，保障乡村治理的稳定性；另一方面，当前乡村治理实践的碎片化、有效性不足、进路异化风险等问题，必须在乡村治理各个环节加强制度建设，增强制度权威和制度效率，提升乡村治理的公信力和有效性。例如，在乡村民主政治制度上，坚持和完善村民自治制度，严格规范村民选举，清除不符合条件的候选人，确保民主选举的程序性和政治性。在村级公共事务管理上，细化村级权力事项、明晰权责清单、规范办事流程和公开程序，确保乡村事务处理"程序合规，过程真实"。①

（二）乡村治理民主化

这就涉及价值观念和治理意识问题，乡村治理现代化理当是政府治理、社会调节和居民自治良性互动，必须建立开放性的、保障民众权利和参与机会的民主表达机制，民主化的治理意识、多元化的治理主体参与事关未来长远的基层民主化建设和基层治理现代化。在治理理念上，乡村治理现代化是实现治理价值思维的现代化，摒弃传统的一元化思维，改变管理式的工作方式，更加突出科学、公平、正义，最大限度地吸纳多元治理主体参与乡村发展，提高乡村治理的民主化、科学化。一方面，乡村治理民主化就是要落实基层群众自治权，实行民主选举、民主决策、民主管理、民主监督，保障村民直接行使民主权利，规避基层政府大包大揽、村民委员会自治性缺失、村民参与度不高、基层民主落实不够的治理问题；另一方面，乡村治理现代化是多元民主参与的治理状态，除了党委政府和村民个体外，各类规范的社会组织、经济组织和其他民间组织，都应当在现代民主法治规则下参与乡村治理，获得参与乡村公共事务治理的权利和机会，形成多层次的基层民主协商治理格局。

（三）乡村治理德教化

乡村治理现代化以治理有效和乡村秩序良性运行为导向，实现良好秩序需要合理规则来规约社会行为，更重要的是依赖社会成员对社会秩序规则的自觉遵守。道德文化作为内心的法律，展开的是更深层次上的

---

① 李三辉：《乡村治理现代化：基本内涵、发展困境与推进路径》，《中州学刊》2021 年第 3 期。

柔性治理，它以润物细无声的形式来教化个体思想，导引价值秩序，以文化规则的内化自觉于社会行动，直指治理所围绕的"人"这一核心，是更简洁的治理、贴近于无治而治的状态。因为在一个人人尊崇道的社会，用道裁决冲突，远比一个弘扬利用法裁决冲突的社会更容易治理。因此，乡村治理现代化不是简单地由传统转向现代或抛弃传统，而是立足于传统文化根基，推进德治教化、展现乡村文化精髓，把乡村治理现代化建立在文化振兴和道德引领上，用文化治理推动"乡村之治"。实现乡村治理德教化的途径和载体是文化振兴，是建立社会主义核心价值观指引下的乡村文化认同，夯实乡村德治建设的善治基石，弘扬中华传统美德和公序良俗，塑就文明乡风，用无形的文化培育规则，用"软约束"的德治聚合力量。①

(四)乡村治理精细化

在方式手段上，乡村治理现代化是协同运用多种手段力量，发挥资源共享与整体合力，借助现代信息技术打造"互联网+"治理模式，实现乡村治理智能化、高效化、精准化。一方面是乡村治理方式的技术化，充分利用现代信息技术改善传统治理模式，如优化群众办事网络平台、建立阳光村务公开平台等，推进乡村信息资源收集、处置、反馈的互联共享，提高乡村治理信息覆盖度、效率值，实现乡村治理的信息化和专业化；另一方面，乡村治理现代化是以精准结果为导向的精细化治理，把更多的资源下沉到基层，推动治理重心下移，构建覆盖乡村的网格化治理网络，以网格解决民众问题，为村民提供精准服务，如直接针对贫困户实施精准帮扶政策，引导"五老"人员和乡贤能人参与矛盾纠纷调

---

① 李三辉：《乡村治理现代化：基本内涵、发展困境与推进路径》，《中州学刊》2021年第3期。

解、乡风文明宣传、社情民意征集等乡村治理工作。①

（五）乡村治理法治化

法治是制度化建设的最权威形式，法治精神也是现代社会秩序的主要支撑。全面依法治国进程中的乡村治理现代化，依法治理是根本原则，必须充分发挥法治在保障民众权益、维护市场秩序、保护生态环境、协调矛盾冲突等层面的治理规范作用。一方面是建立完善的农村法律法规和政策，健全农村公共法律服务机制，尤其是持续做好困难群众的法律援助工作，营造有法可依、办事有法、寻法有道的乡村法治环境；另一方面是法治深入人心，常态化进行多载体的法治宣传教育，提升基层干部和民众的法治素养，增强基层依法办事能力，完善村级治理结构，规范村务工作程序，增强广大群众学法、知法、用法、守法的法治意识，切实提高乡村法治文明程度。从保障机制上看，法治是乡村治理现代化的坚实后盾，乡村治理现代化是法律法规体系完备、法治环境良好的状态，能够自觉运用法治思维和法治方式深化改革、推动发展、化解矛盾、维护稳定、应对风险，实现乡村治理的法治化。

（六）乡村社会善治化

不管是传统治理还是现代治理，治理有效都是开展治理活动首先要解决的问题。在社会图景上，乡村治理现代化的根本目标和最终标志，是最大限度地实现人民幸福，以社会善治为基准，不断提升民众获得感、幸福感、安全感，致力美丽与良序的价值追求。具体而言，善治是乡村社会治理的理想追求，其表现在社会秩序上是规则制度的低成本运行，体现在社会事务治理上是多元主体民主、稳定、可持续地参与基层治理。

---

① 李三辉：《乡村治理现代化：基本内涵、发展困境与推进路径》，《中州学刊》2021 年第 3 期。

制度、民主、公平、德治、和谐是实现乡村善治的基本要素，乡村治理制度化支撑社会行动的合法性和基本预期，乡村治理民主化提供公平公正的参与机会，乡村治理德教化降低治理成本，乡村治理精细化提升治理效率与质量，乡村治理法治化保障社会秩序和谐稳定。需要指出的是，善治是一种良好的治理状态，其核心要件是秩序良性运行，乡村治理没有放之四海而皆准的模板，唯一不变的主线是植根于过往经验的动态调适和转化创新。①

第四节　河南推进乡村治理现代化的
实践探索与现实问题

一段时间以来，河南省内多地都结合本地实际情况，积极开展了乡村治理现代化的实践探索，充分利用现代信息技术手段赋能乡村治理，将"数治"不断融入新形势下的乡村治理实践，推动了乡村治理理念、乡村治理机制体系、乡村治理方式方法等层面的改革创新，促进了乡村治理能力与治理效能的不断提升，并形成了一些具有地方特色的有益经验做法。值得注意的是，尽管河南各地都在积极实施乡村振兴战略，推进乡村治理现代化建设，但发展要求与乡村治理现状间的张力问题短期内还无法完全消除，推进乡村治理现代化面临着多维困境。② 在治理理念上表现为治理意识滞后，政府管理越位和缺位问题突出；在治理机制上表现为现代乡村治理体制还需进一步理顺，城乡融合发展机制欠完善；

---

① 李三辉：《乡村治理现代化：基本内涵、发展困境与推进路径》，《中州学刊》2021 年第 3 期。

② 李三辉：《乡村治理现代化：基本内涵、发展困境与推进路径》，《中州学刊》2021 年第 3 期。

在治理质效上表现为"内卷化""悬浮化""碎片化"问题日渐凸显，乡村治理发展目标模糊、定位不清；在治理主体上表现为尚未形成多元化的合作共治局面，各治理主体能力普遍存在弱化倾向；在治理方式上表现为信息化治理程度低，乡村治理中的科技支撑力不足；在治理文化上表现为乡村文化衰败、文化失序问题不断凸显，法治化建设依然任重道远。

一 河南推进乡村治理现代化的有益探索

（一）新乡"党建+大数据+全科网格"的基层治理样本

近年来，新乡市坚持"以党建引领保障、用网格汇聚合力、借数据赋能增效"的乡村治理思路，着力构建了"党建+大数据+全科网格"乡村治理模式，有力推进了新乡辖区内乡村治理实践的深化发展和治理现代化水平提升。从具体做法上来看，新乡市充分发挥农村基层党组织在政治建设、推动工作以及提升治理实效上的积极作用，建立了"村党组织—网格党支部—村组党小组"的组织体系，以党建引领网格组织体系来整合治理力量与治理资源。同时，通过搭建网格架构、充实网格队伍、完善网格服务机制等方式，形成了市县乡村组五级网格管理体系，与横向 77 个市职能部门实现互联互通，实体化网格服务工作站也实现了村（社区）全覆盖。2022 年，新乡市开始探索"政务+警务+社务'3+N'"网格化管理模式，极大地促进了"三务"融合互补，[①]凝聚整合了基层共治力量，提升了乡村治理问题解决效能。此外，新乡市还积极利用网络化信息平台、大数据等现代技术手段，开展乡村治理实践工作，

---

① 《"三务融合"激活基层善治——河南新乡打造"政务+警务+社务'3+N'"网格化管理模式》，《光明日报》2022 年 8 月 16 日。

以数字平台搭建、数据融合、服务监管等内容为抓手，深入推动了乡村治理的数字化建设，不断开拓数字化应用的新场景、新领域，推动新乡市乡村治理迈向"数智化"时代，推进了乡村治理体系和治理能力现代化水平的有效提升。

（二）南阳市西峡县"互联网+党建+服务"的基层治理方案

面对数字社会发展的日益深化，近年来，河南省南阳市西峡县坚持用互联网思维考虑基层社会治理工作，充分利用现代信息技术的优势打造了"互联网+"的工作模式，基本形成了"党建引领、技术支撑、服务为王"的基层社会治理机制，为做好新时代乡村治理工作、提升乡村治理现代化奠定了坚实基础。从具体实践上看，西峡县在乡村治理实践中全面贯彻坚持党的领导，创新开展了"互联网+党建"，构建了现代化网络党建系统，打造具有本地特点的"智慧党建"服务品牌。比如，积极以"互联网+"破题基层党建工作，安装使用了"西峡县智慧党建综合服务平台"系统和智慧党建 App；组建了"基层支部党建微平台"，利用西峡党建网、便民服务网、远程教育等信息化平台，将党建工作与乡村治理深度融合，及时发布党建信息、组织党建教育学习等。同时，积极拓展"互联网+政务服务"，打造了一站式基层便民服务平台，实现县、乡、村三级联动、数据资源共享，有力推进了群众办事"指尖办""掌上办""一次也不跑"，做到了"马上办、网上办、就近办、一次办"，极大地提升了人民群众办事效率与良好体验感。此外，西峡县借助互联网信息技术，构建了"空中有监控、路面有巡逻、村居有联防"的立体化治安网络，在乡、镇以及部分行政村主要路口、重点地区、要害部位和治安问题多发地点，基本实现了视频监控的全覆盖，有力推进了"雪亮工程"建设，为百姓安居乐业编织了严密的"防护网"，推动了平安乡村建设。

（三）数字化赋能的"信阳智治"模式

近年来，信阳市围绕党建引领、数字赋能、协同共治等工作思路，积极推进基层治理体制机制创新，将推动数字化转型贯穿基层治理的全过程，探索建立了"指挥一体化、权责明晰化、条块协同化、流程数字化、考评多维化"的"五化"体系，[①] 提升了基层智治水平，走出了"信阳智治"的新模式。2022 年，信阳市提出了实施"1335"工作布局，在党建统领下强化数字赋能基层治理，大力推进了网格化治理、数字化治理、"微服务"等平台建设，将党建统领大联动与智慧健康应用大联动结合起来，有力推进了基层数字治理能力的提升。值得一提的是，信阳市还创造性地建立了"H"型基层治理数字平台，其涵盖了民众诉求办理、高效精准指挥和 12345 热线联动的"上行—下行—横向"基本事项。此外，还搭建了"王"字形的基层治理架构，通过聚焦事权下放、推进条块协同、完善监督考核等方式，推动了基层治理结构重塑，促进了基层治理创新。

二 河南推进乡村治理现代化面临的现实困境[②]

（一）多元共治意识格局尚未形成

理念是行动的先导，乡村治理体系和治理能力现代化的顺利推进需要现代化的治理理念进行引导。然而，在乡村治理的时空境遇已发生重大结构性变革的情况下，一些基层政府仍然沿用传统管理思维和方式，且形成了习惯性认同，存在一定的社会管理错位问题，挤压了其他治理

---

① 《全市党建统领基层治理培训会召开 蔡松涛出席并作专题辅导培训》，《信阳日报》2022 年 2 月 22 日。

② 本部分内容参见李三辉《乡村治理现代化：基本内涵、发展困境与推进路径》，《中州学刊》2021 年第 3 期。

主体参与公共事务的空间，"管理即服务"的理念与多元共治格局尚未完全形成。一方面，政府依然过度依靠行政资源、职能下沉来发展社会事业、社会服务，防控社会风险，维护社会秩序，不仅压制了社会自治、削弱公众参与，而且带来了管理成本增加、政策效能持续性不足；另一方面，地方贯彻中央、省级提出的治理理念本应该更为具体、更具有操作性，但从实际上看，县域地方无论是在出台文件的细化上，还是在实践运行上，县域特色、乡镇特色、农村特色的治理理念都较为欠缺。此外，村民自治实践深化程度严重不足，不管是村两委的行政化问题，还是村民参与公共事务的积极性乏力问题，村民作为乡村治理主体的思想意识和能力发挥都急需提升。因此，既要防范政府管理错位问题，也要破除村民对社区公共事务是"政府应该管理的事"的麻木认同，激发村民的主人翁意识，提升其参与社会事务的主体性、主动性、创造性。

（二）现代乡村社会治理机制不完善

现阶段，乡村经济社会结构和社会治理基础已发生深刻变迁，传统乡村治理机制越来越难以应对开放性、多元化、信息化的乡村社会，如何创新完善乡村治理机制，成为提升乡村治理现代化的重大课题。分析来看，建立健全现代乡村治理体制，需解决好基层党组织引领作用不足、乡政机制建设弱化、村民自治机制运转不灵、多元参与机制不够完善、监督保障机制缺位、城乡融合发展体制机制缺乏等问题。

第一，基层党组织建设薄弱，以党建为引领的乡村治理组织体系仍待强化。历史已经证明，党的领导是中国特色社会主义事业不断取得进步的根本保障。然而，一段时间以来，农村基层党组织软弱涣散现象突出，普遍存在党组织领导核心地位弱化、党组织和党员管理不规范、为民能力意识不足、党员作用发挥不明显等问题，其中，党组织领导核心作用发挥不够是最突出问题。

第二，"乡政村治"衔接不灵，村民自治落实不足。由于缺乏顺畅的对接机制，"乡政村治"下的政策传导、诉求互动、运转实效仍未脱离条块分割的阻滞影响。回望村民自治制度的数十年实践，其有力促进了基层民主政治建设，尤其是民主选举的形式和程序都非常合规，但民主决策中的协商不足、民主监督中的效度质疑、民众参与公共事务的渠道拓展的问题仍需进一步解决。

第三，社会组织参与社区治理不足，多元治理力量发挥不够。一方面，社会组织的培育机制尚不完善，不少政府对市场和社会组织等治理主体的认识不深，支持与主动合作力度不够；另一方面，社会组织力量弱小且分散，长期受制于行政权力的管制，缺乏自主性和与政府组织平等合作的意识。同时，农村地区社会工作专业人才队伍缺乏，这也是社会组织参与社区治理不足、无法发挥作用的重要原因。

第四，城乡融合发展体制机制仍需加速理顺。当前，城乡发展不均衡不协调不充分问题，依然是新时代中国社会的最大现实，此背景下的乡村治理物力和人力资源流失问题突出。如何加快推进城乡融合发展建设，畅通城乡要素流动、优化公共资源配置、发展乡村社会事业，尤其是消除人才、资金、技术等延伸至乡村的机制障碍，是助推乡村现代化治理机制加快完善的重要任务。

（三）乡村治理"内卷化""碎片化"问题凸显

乡村是国家治理的基层单元，是推进社会治理的关键环节。健全乡村治理工作体系，要推动社会治理和服务重心向基层下移，投入更多治理资源到乡村，提高乡村治理效能，实现政府治理和社会调节、居民自治良性互动。① 然而，乡村治理质效的"内卷化""悬浮化""碎片化"问题日渐凸显，表现为基层社区运转愈来愈复杂，但却是没有发展的增长，在精细化外表下，运行效率低下、服务缝隙和管理空白增多的问题并未得到很好解决。一如上文所述，条块分割与脱节管理并不能真正覆盖社区治理实际需求，不利于整合社会治理资源和快速反应。除了碎片化问题，基层治理中的内卷化问题也日益凸显，其主要表现为内部的精细化、维稳化和压力化特征，② 如组织结构卷入精细化旋涡、复杂设置却低效呈现，有悖于制度设计初衷；压力维稳机制下的日常治理容易启用管控策略而忽略协商疏导等柔性治理手段。从长远看，"内卷化"之下的社会治理只在表面上消解了矛盾、促成了短期稳定，但并未从源头上解决社会问题，反而具有释放更大社会风险的隐患，必须给予足够的重视。

（四）乡村治理主体能力普遍存在弱化倾向

无论何种层面的治理，治理主体建设都是重中之重，如果治理主体缺位或能力不足，都将无法达到预期治理效果。乡村治理同如此理，离开了治理主体的现代化和能力提升，乡村治理现代化只能是"纸上谈兵"。乡村治理是一个庞大的系统工程，涉及面广、牵扯利益复杂，其治理主体也因利益多重而多元，包括党委政府、居民组织、居民、市场及社会组织等，理当在坚持党的领导下深化完善村民自治制度，培育发展各类社会组织等社会力量，推动形成整合正式力量和非正式力量的乡村治理共同体，打造多元主体共治的治理格局。然而，从现实情况看，各治理主体在乡村治理实践中的能力发挥普遍存在弱化倾向。其一，最

---

① 习近平：《决胜全面建成小康社会 夺取新时代中国特色社会主义伟大胜利——在中国共产党第十九次全国代表大会上的报告》，《人民日报》2017年10月18日。
② 蔡辉明：《警惕社会管理中的"内卷化"现象》，《学习时报》2011年8月22日。

贴近乡村的乡镇政权机制建设能力弱化，乡镇财政保障力、社会整合力、公共服务力都明显不足，亟须结合乡镇职能改革优化重塑乡镇治理能力。其二，村党组织的社会动员力、组织力、凝聚力下降，必须加快建立健全党组织领导的自治、法治、德治相结合的工作机制，从组织建设上助力乡村治理现代化水平不断提升。其三，村委会自治能力、协调能力与新时代乡村治理发展要求不适应。其四，乡村社会治理中村民主体地位淡化，自治能力、合作能力与参与能力较低。其五，乡村社会组织孕育发展困难，普遍存在功能定位不准、自身建设不力等问题，专业人才队伍缺乏限制了其专业化水平和社会服务能力提升。

（五）基于现代技术的多重手段的综合治理能力不强

治理方式创新是推进乡村治理现代化的基本途径和突破口。当今社会已是网络化社会，信息技术的广泛应用已成为新时代社会治理的亮点，党的十九届四中全会也明确提出要强化社会治理体系中的科技支撑地位，就是要促进社会治理的信息化、精准化和专业化。[①] 一直以来，乡村信息化发展程度都比较低，当前乡村开展信息化治理面临着基础设施不足以对接大数据、"互联网+"等先进科技，分散化和流动化的乡村地区加大了信息化、网格化全覆盖的难度，建设城乡一体的信息化协同管理与服务体系任重道远，基层信息化人才服务队伍缺乏等现实难题。如果说信息化治理程度低是乡村治理的现代化科技支撑力不足，那么，法治建设短板仍未补齐、文化治理功能弱化则是传统治理手段的现代化转向提升不够。法治精神是现代社会秩序的主要支撑，推进新时代乡村治理绕不开依法治理，一方面要不断完善农村法律法规体系、增强法治权威，解决好民众制度意识薄弱问题；另一方面要解决好乡村法治缺失下的规

---

① 孙叶青：《以新科技支撑社会治理共同体建设》，《人民日报》2020年3月16日。

则不约、秩序不制问题，解决好扩展法治规范的深度和广度问题，提升社会治理的法治化。在文化治理的作用发挥上，蕴含丰富精神价值的乡村文化衰落断裂明显，"人文化成"精神的时代转呈相对薄弱，在教化个体、建构价值、导引秩序上面临不少难题，传统文化与现代治理的互促力不足，应以增进文化认同提升社会共同体治理质量。

第五节　河南推进乡村治理现代化的经验借鉴

乡村治理既是重要的理论问题，更是现实感很强的重大实践问题，无论是乡村治理效果的呈现还是乡村社会治理改革创新，归根结底是要落地于实操运行，而相似的实践操作或先行的道路探索往往能够提供有益借鉴和宝贵经验，以便于找寻到符合实际、凸显本土特色、运行有效的乡村治理模式，从而更好地指导实践、付诸实践，推动乡村治理现代化水平的不断提升。

一　他山之石：发达国家和地区的乡村治理实践模式

（一）日本因地制宜的"一村一品"运动

在东亚，日本是现代化建设开启较早且发展程度比较高的国家，其国内的农村社会建设和社会治理探索亦是如此，在结合时代背景和当地实际的情况下，日本经历了一段时间的探索后形成了"一村一品"的农村社会治理典范。

1. 实践做法

从日本"一村一品"的造村运动实践看，其主要做法就是让国内每一个村庄找到各自的特色、发展优势，帮助每一个村打造出一个具有鲜明地方特色的品牌，进而使开发出的产品在国内占据市场并放眼世界，其核心理念是培育因地制宜的农村发展模式。从具体内容上看，日本的农村建设运动有以下几个特点。一是自上而下地大力推动，政府为了振兴农村经济、推进农村发展，倾注了大量的资金和扶持政策，全力打造了符合各地发展实际、具有鲜明地方特色的农村发展道路。二是围绕打造品牌产品夯实农村社会发展的产业基础，以产业发展带动传统资源整合、人力资源开发、凝聚社会共治力量。三是坚持立足本土、独立自主、面向未来的发展原则。一方面，本地村庄所确立的产业、产品一定是符合当地客观实际且具有乡土特色的，具有一定的不可替代性；另一方面，当地的发展建设和社会管理，居民是行为主导者，政府除给予政策、技术和市场等方面的协助外，不做过多的行政强制干预。同时，在造村运动中注重培养人才以延续农村未来建设，侧重提升农村教育，提高农民综合素质。从实践成效上看，日本通过大力推进"一村一品"建设，有效解决了前期因过度追求经济增长而片面发展城市和工业下的城乡发展不平衡不充分的问题，改变了农村社会落后于国家整体发展的不协调局面，实现了因地制宜地利用乡村资源来助推农村社会建设和繁荣发展，形成了为外界所赞赏学习的"一村一品"农村发展模式。

2. 经验启示

分析来看，不管是自然条件、农业资源，还是城乡发展矛盾现状、社会文化背景，当下中国农村发展与"一村一品"运动前后的日本有许多相似之处，因此，我们可以从日本的先行实践中为国内具有类似自然和社会条件的农村地区寻找借鉴经验。

一是要因地制宜探索创新，理解每一个农村的独特性。在具体的农村社会治理实践中，要秉承具体问题具体分析的思路，有条件、发展基础的农村地区，可以通过开发本地传统资源或整合凝聚外部资源，形成产业支撑优势或特色品牌名片，如国内已经打造了一些特色村镇。要注意的是，没有特殊优势的农村也有符合本土实际的发展之路，不能为了特色而特色，不能为了品牌而造景观，不求泛而求优，要真正从区域发展实际、居民特点和需求着手，走出一条独具特色、可持续的农村社会治理路径。

二是强化政府力量推动。政府要持续加大对农业农村的资金投入和政策支持力度，为促进农民增收、推动农村社会发展、协调城乡关系提供坚强保障。

三是尊重村民主体地位。要厘清党和政府在农村社会治理中的职能边界，党管方向，政府起引导推动作用，农村社会建设和治理主体的依靠是村民，广大村民的自主性参与和创新性力量一定要在农村社会发展中得到充分显现。

(二)北美城乡协同一体的农村小城镇建设

北美地区既是经济发达地区，也是农村现代化建设最发达的区域之一。在美国、加拿大的农村社会治理实践中，它们普遍实行的是城乡协同一体的运转体制，尤其是推崇借助农村小城镇建设来提促农村经济社会发展。

1. 基本做法

从北美城乡协同一体的农村小城镇建设实践看，其主要做法有以下几个方面。一是推行城乡社会一元化体制，城乡居民在身份上没有二元差异，城市、乡村的基础设施投入、公共服务政策、社会保障体系等都是相统一而无二致的，城乡居民在参与公共事务、享受社会公共产品等方面的权利义务与机会是同等的。二是以农村小城镇建设推动城乡共生治理发展。综合考虑经济发展程度、交通基础、自然环境等条件，不断推行和完善农村小城镇建设政策、管理制度和治理体系，以稳定有效的小城镇建设带动乡村发展、协调城乡生产生活。采取上下结合的方式分类做好农村小城镇建设，既在城市近郊、自然资源富足、产业基础良好的地区做好小城镇和农村社区建设开发，又做好政府主导下的偏远地区、原住民地区的经济社会建设与小城镇开发。从美国、加拿大的实践看，发展城乡协同一体的农村小城镇建设，有力地促进了它们实现农村现代化建设目标，形成了很好的城乡互促一体发展模式。

2. 经验启示

北美地区的农村现代化进程与中国农村发展既有很多共同特性，又有一些不同之处，但是北美地区作为世界上农村现代化最发达的地区之一，对我们推进新时代农村社会发展有一些有益的参照经验。一是持续深化城乡融合发展模式，加快推进城乡一体化建设进程，破除阻碍城乡要素流动的体制机制，为城乡互通互促提供政策支撑条件，实现城乡深度融合共赢发展的局面。二是在条件成熟地区适度发展小城镇建设，发挥好县域城市、小城镇在乡村振兴中的示范带动效应。三是做好制度规划设计，切实做好城乡均衡发展下的农村社会建设需要政府力量的主导推动。

(三)英国乡村振兴的"一体化共生治理"实践

放眼世界，英国是最早最快实现城市化的国家，但城市化过快发展中对农村发展的忽视，曾一度给英国带来了很严重的"城市病"、乡村生态资源破坏、城乡关系严重失衡等问题。

1. 实践探索

为解决城乡发展中的问题，英国在 20 世纪 30 年代实施了乡村振兴的实践探索，形成了乡村治理有序、城乡一体化发展的"共生型治理"模式。结合英国乡村振兴的实践看，其主要做法有以下几个方面。

一是顶层制度法规设计先行，保障乡村振兴科学有序推进。20世纪以来，英国就有关乡村振兴与城乡一体化发展等主题，制定了数十部法规条例，为乡村振兴事业的有序开展做好了充分的自上而下的顶层设计与法治保障环境。

二是权力下放与社区赋能，建立合作共治的整体性治理。在民众个体方面，英国注重对农村教育的投入和农民知识水平的提升，并积极拓宽渠道保障村民参与乡村建设的广度和深度，如居民参与农村区域规划已成为一种基本需求模式。在社区参与层面，建立了比较完善的政策制度体系和组织管理体系，乡村振兴是政府、社会组织、村民等不同力量共同发挥功用的整体性治理。

三是坚持新型城镇化，走城乡共促融合之路。英国注重从城乡整体治理布局中来规划区域发展目标，重视小城镇建设，以发展"集镇"来衔接城乡，激发乡村发展活力，促进城乡互动共建，形成了"中央—郡级（次区域）—村镇"三级综合治理框架，建立了一种区域网络化的整体性治理格局。

四是注重生态环境保护与乡风文明建设。在英国乡村振兴实践中，生态保护与修复一直是其秉承的发展原则，可持续发展、生活质量与城乡宜居被摆在了重要位置。

2. 经验启示

回顾英国乡村振兴治理实践，审视当下中国农村治理问题不难发现，城市化过急、"空心村"、城乡发展失衡、农村生态破坏、区域差异分化等问题是城乡发展中的相似问题，英国已走过的治理实践能够为我国乡村振兴与城乡协调发展提供策略参考。一是要持续完善乡村振兴与农村社会治理方面的政策制度、法律法规，以强力的制度建设科学导引新时代农村社会发展。二是要坚持城乡融合发展之路，改变"城市＝先进、乡村＝落后"的思维定式，架构城乡趋同的政策支持体系，抓好衔接城市与乡村的小城镇建设。三是积极培育和发展多元化的治理主体，乡村振兴是多主体共治共建的发展状态。四是统筹好经济社会发展与生态环境保护间的平衡关系。

二　先进探索：国内典型地区乡村社会治理的实践经验

（一）浙江"三治合一"的乡村治理模式

自党的十八届三中全会以来，创新社会治理在全国上下被迅速贯彻，各地积极结合实际探索社会治理创新模式。面对乡村治理的新情况，桐乡市在 2013 年率先开展了"法治为要、德治为基、自治为本"的"三治"建设，以解决社会快速变迁中日益凸显的法治观念淡薄、社会德义滑坡、价值理念冲突、基层自治缺少空间等问题，旨在打造"三治合一"的基层社会治理新模式。从该模式的实践过程看，桐乡市先成立了道德评判团，而后扩大形成了"一约两会三团"，这些创新载体吸纳了村民、党员、乡贤、教师、法律工作者等众多人群，对激发社会自治活力、优化基层道德文化环境作用重大，极大地浓厚了"大事一起干、好坏大家判、事事有人管"的基层社会治理氛围。随着桐乡"三治"基层社会治理创新典型的频繁推出，其实践经验也在 2014 年覆盖到浙江全省推行"健全法治德治自治相结合的基层治理机制"。不止于此，中共中央、国务院在 2017 年出台的《关于加强和完善城乡社区治理的意见》中，明确提出要"促进法治、德治、自治有机融合"，浙江省的"三治"

基层治理模式开始走向全国，并以"健全自治、法治、德治相结合的乡村治理体系"写入了党的十九大报告，成为当前和今后一段时间内乡村治理的基本思路。

（二）"枫桥经验"：不断创新发展中的基层社会治理方案

浙江省诸暨市枫桥镇在 1963 年创造的"依靠群众化解矛盾"的"枫桥经验"，为我国的治安防范、纠纷化解提供了很好的经验参照，已成为中国基层社会治理的一面旗帜。分析来看，"枫桥经验"的基本内涵是"小事不出村、大事不出镇、矛盾不上交"，这一基层治理模式一直被各地在学习推广中创新发展，既指导着各地的基层社会治理实践，也丰富拓展着新时代的"枫桥经验"内容。一是基层社会治理要始终坚持群众路线，人民的力量是巨大的，必须不断创新群众工作方法。二是推进新时代农村社会治理要坚持依法治理，善于运用法治思维和法治方式解决涉及群众切身利益的矛盾和问题，不断提升农村社会治理的制度化、法治化。三是做好基层社会矛盾纠纷化解，要不断畅通和拓宽民意反映渠道，健全矛盾预警处理和溯源机制，统合多样化的矛盾化解方式。四是要与时俱进发展"枫桥经验"，坚持党建引领、人民主体、"三治结合"、共建共治共享、网络化治理，不断推进基层社会治理现代化。

（三）"无特殊优势乡村"治理现代化的山东寿光实践

在中国广大的农村地区，剔除具有自然资源优势和社会有利条件的农村，无特殊优势的乡村无疑占有较大比例，而如何推进"无特殊优势乡村"治理则是新形势下面临的现实问题。近年来，作为"无特殊优势乡村"的山东省寿光市洛城街道东斟灌村，在推进乡村治理创新上开展了积极探索并取得了不错成效，其主要推行了如下举措。一是加强基层党组织建设，尤其是强化了以村党支部书记为班长的领导班子建设。二是建章立制，规范公共事务运转流程，村领导班子带头按章行事，做到公正公开公平。三是尊重村民主体地位，切实保障村民权利权益，依靠群众自治来推进乡村事务治理，拓宽渠道保障村民参与权、知情权、决策权。四是坚持乡村治理的多主体共建共治，形成了政府、村两委、村民、合作社以及各类社会组织共治的局面。东㽏灌村的实践探索充分说明，"无特殊优势乡村"只要能合理解决好乡村治理的动力机制、利益矛盾平衡机制，就可以维护好乡村稳定，推进乡村社会发展，其中党的领导和组织建设是核心保障，再加上多元治理主体协同发挥作用，"无特殊优势乡村"治理现代化可以获得不断推进。

第六节　河南推进乡村治理现代化的实践路径

提升乡村治理现代化是一个系统工程，其旨在现代条件下达成乡村善治，最大限度地激发各种社会力量协同参与乡村建设的积极性和创造性，发挥各治理主体在乡村事务治理、乡村发展难题破解等方面的合力作用，共同推进共建共治共享乡村治理格局的构筑进程。从河南的具体实践上看，围绕现代化河南建设大局，河南在加强和创新乡村治理上未曾停止过实践探索，也涌现了一些乡村治理创新模式和有益经验案例，但同建设幸福美好家园和治理现代化的目标要求还有一段距离。新形势下，河南加强和创新乡村治理，仍需从意识理念、机制体系、多元协同、方式方法等层面进行系统性提升，不断推进乡村治理体系和治理能力现代化，夯实社会主义现代化河南建设的基础保障。

一 新时代河南推进乡村治理现代化的基本思路

(一)充分把握乡村治理的时代变迁与价值情境

现今的河南乡村发展,其治理的时代底色、社会基础、治理形势等都发生了重大变化,推进新形势下的乡村治理不断走向深入、稳步前行、呈现成效,我们需要考虑这样几个重要的因素。其一,我们正处在一个新时代。乡村社会治理的内在基础、社会结构、社会秩序等都已急剧动迁,新时代农村的生产力与生产关系、社会基本矛盾等都发生了重大变化。其二,新时代乡村社会是一个由多元主体合作治理的社会。其三,乡村振兴战略为当前和未来一个时期内的农村发展和乡村治理谋划了中长期前景,新时代设想规划与现实发展差距需要我们填补,新征程中的新问题和新状况需要我们解决,未来发展路径和具体模式道路需要我们探索。其四,乡村治理模式创新要植根于农村发展实际的多样性、差别化、阶梯性,不同的农村在区位、交通、资源、功能定位等方面也存在差异,其治理策略、发展路径和进度必然无法同步或一致。为此,我们要进一步厘清几个重要价值情境问题。

一是辩证地理解古今中外的关系问题。开启于西方的现代化提供给我们的是模式借鉴,解决中国问题需结合具体实际,要克服拿西方标准进行简单衡量的思维做法。中国传统社会并不缺乏现代性因素,乡村治理现代化并不是对过去的简单抛弃、与传统的完全相斥,而是传统与现代有益因素的统合互促,其要对立的是落后的思维方式和行为方式,在乡村治理制度、组织、技术、文化等方面不断创新改善。乡村治理现代化应在古今中外的融通中进行创造性发展,现代信息技术的应用有助于提升乡村治理效率,但其并不作为根本衡量,立足于中国实践的乡村治理现代化，需要优秀传统文化的价值维系，提升乡村治理质量。

二是把握乡村治理问题的普遍性与特殊性。问题与发展相伴共生，乡村治理指向解决乡村发展进程中的现实问题，如何逐步完善治理体系、充实治理内容、创新治理手段、改善公共服务、提升秩序安全等，都是急需破解的难题。做好新时代的河南乡村治理，必须关注省内广阔农村内的差异性、特殊性，不同地域、不同类型、不同区位的乡村其治理基础、治理方式和治理策略也难以一致，乡村治理从来不存在普适的放之四海而皆准的运行模式，但符合各地乡村具体实践和实际形势的乡村治理途径，都会在坚持治理的普遍性规律和特殊性操作中寻得。

三是坚定城乡融合发展之路。乡村治理现代化并不是要"消灭"乡村，而是解决"三农"问题，改变"城市＝先进、乡村＝落后"的二元思维定式，在保持乡村独立性和差异化的基础上走城乡融合发展之路。城乡融合发展，绝不单是农村要素流向城市，而是最大限度地促进资本、技术、管理等各类要素在城乡间有序流动，减少乡村治理的人力和资源流失，优化城乡资源配置格局，做好传统治理与现代治理、人的治理与物的治理、正式规则与非正式规则的结合，不断提升乡村治理的制度化、民主化、法治化、协同化、精细化、智能化，探索城乡治理的良性互动发展。①

（二）紧紧抓住实现乡村治理有效的基础要件

1. 主体元素："一核多元"治理主体共治

不管是考察国外农村社会治理模式，还是分析国内乡村治理实践都很容易发现，多元化的主体参与是其农村社会治理实践中的关键举措和推进保障。可以说，多元化治理主体是农村治理现代化的重要特性，农

---

① 李三辉：《乡村治理现代化：基本内涵、发展困境与推进路径》，《中州学刊》2021年第3期。

村治理实践目标同样依赖多主体共治来实现。结合治理实践的主体参与来看，现代化背景下的农村社会治理应是包括党委政府、市场与社会组织在内的不同层级治理主体的多元参与共治，如基层党委政府、村两委、村民、其他社会组织等。具体到中国的国情实际，坚持党的领导是推动新时代农村社会治理的最有力保证，村党组织要担当农村社会治理的领导核心角色。从农村社会治理的主体参与看，政府的政策引导与资金投入是重要推动力，但有限政府的权力边界要清晰明确；村民作为农村治理的最重要主体地位角色必须充分体现，并通过激发内生动力来拓展村民自治实践；各类合作社、协会以及其他社会组织应获得积极培育，并充分发挥社会力量参与农村社会治理的协调作用。

2. 保障机制：制度化建设与健全农村治理体系

考察和分析中国共产党乡村治理的百年实践与经验借鉴可以发现，制度建设、法治规则是我国乡村社会治理成功实践的重要法宝，是稳定推进农村社会治理跃进、有序社会治理行动的坚实保障。从乡村治理现代化的取向要求看，制度化是其内在特质，制度为行动者提供稳定性环境和合法性方式。加强和改进新时代乡村治理，从治理体制上需要由国家"自上而下"地构建一套科学的制度运行体系，从而在顶层设计上开展治国理政，保障农村社会治理的稳定性、规则性、有效性。从乡村治理的实践运转看，需要不断完善乡村治理体系以持续推进农村治理效果呈现。一方面，要在治理方式上深化"三治融合"，从乡村治理力量的基础维度上讲，基层自治无疑是核心方式，这也是我国长期以来乡村治理实践发展得出的重要有效经验，只有基层居民内生动力强劲、能力充足、精气凝聚，治理实践才会推进迅速且高效恒久，最终趋同自主治理本质。从乡村发展保障力量的秩度层面上讲，法治化建设无疑是最强有力的规约行动，能够使乡村事务"轨道化"运转，也最能从根本上塑造稳定、有序、平顺的环境。在治理价值自觉上厚植德治，将德治原则融通于治理操作设计，扎实提高乡村治理成效，增强善治的思想文化支撑。另一方面，要在治理手段上不断夯实治理的信息技术支撑，持续提升农村智治能力。在治理技术整合上，要紧跟网络化时代发展和现代信息技术革新，强化信息化治理，提升农村技治的精准化和效度。

3. 绩效评价：善治化乡村图景

新形势下，乡村振兴战略已成为标定我国当前和今后一个长时期内农村社会治理的宏伟画卷，而实现"乡村治理有效"不仅是画卷能够展开的现实要求，也是衡量这一愿景质量高低的标尺。从根本上讲，善治是一切治理实践的最终追求，它能够最大限度地实现人民幸福，不断提升民众获得感、幸福感、安全感，致力于美丽与良序的价值追求。具体而言，善治化乡村图景，在社会秩序上一定是和谐稳定的，能有效保障农村发展环境稳固，这体现在治理操作中就是规则，以治理体制和基层政治制度增强农村的政治建设力；在公共事务治理上一定是多元主体参与，这体现在治理理念上就是共治共建，以多层次的基层民主协商、多主体的互动参与增强农村社会建设力；在治理质效上一定是低成本运行，矛盾纠纷公正公平的法治疏解、乡风文明的德治认同，以刚性规则解民困、软性文化聚民心，不断提升农村社会文明程度和文化建设水平；在社会治理趋势上一定是稳步向前与可持续发展，这体现在治理格局上是和谐共生，以绿色发展、生态保护的行动策略提升治理承载质量，实现宜居宜业的良好农村生态。

二 河南提升乡村治理现代化的具体路径

（一）强化乡村党组织建设，不断提升乡村治理引领力

中国共产党已走过百年辉煌历程，其带领中国人民实施的乡村治理

实践也走过了百年探索，取得了历史性功绩，无论是群众生活水平、村容村貌，还是农村精神风貌、社会秩序运行都发生了巨大变化，乡村治理成效显著，全国各地积累了许许多多有益的乡村治理成功经验，对新形势下的河南乡村治理有着十分重要的借鉴提升意义。透过中国共产党乡村治理百年发展历程可以发现，重视党组织建设是各个历史时期党推进乡村治理的重要抓手。回溯不同时代阶段的乡村基层党组织历史演进，不管是革命年代语境下的党的组织建设，还是推行改革开放前摸索的乡村基层党组织建设，抑或是改革开放后的党组织建设创新，党的组织建设从执政理念、路线体系、组织运转等各个层面都深刻影响着乡村社会发展，科学正确的党组织建设有力推动了乡村治理发展，背离正确发展道路的党组织建设思想则给乡村社会发展带来了巨大损害，这也从正逆双向维度上印证了党的组织建设必须着力做实做好的紧要性。回望乡村治理实践和乡村发展成就，一个基本的定律可以发现，农村党的基层组织建设强而有力的，当地农村的发展程度、建设水平就高；反之，则发展落后。可以说，百年乡村治理历史已经印证并将继续证明，办好中国农村的事情核心在党的领导，关键在组织建设的推促带动。借助于农村党的基层组织建设，党的建设的指导思想、路线方针得以在中国广大农村地区贯彻落实，进而在乡村建设和乡村治理实践中发挥作用。不可否认，基层党组织是党在农村、在村居社区最基本和最坚实的基础，做好新时代乡村治理必然绕不开党组织建设提升，尤其是其治理领导力、组织引领力的功能建设。

第一，要突出强化乡村基层党组织的政治领导力提升。政治责任和政治担当始终是基层党组织的最内嵌特征，党组织领导下的乡村治理要始终保持正确的政治属性，看待乡村治理议题或事务，要多从政治大局出发去观察、认识和解决问题，用政治慧眼来把握民意诉求、社会形势发展、治理问题变化，[①] 算好乡村治理过程中的"政治账"，厘清协调多元利益主体最大公约数的"民意民心账"。这就要求基层党组织在乡村治理的日常实践中，既要正确及时贯彻落实好党的各类路线方针政策，做好党群干群关系的桥梁连接，又要借助政策导引、政治动员、凝聚价值目标等方式，汇聚各方力量在党组织领导下共同推进乡村治理创新。

第二，要抓好乡村基层党组织的组织动员引领力提升。组织体系完备是推促乡村治理发展的有力保障，党组织领导的乡村治理组织体系需要结合日益变化的治理形势和环境来丰富提升，不仅要从组织生命建设上加强党组织自身的壮大发展，也要发展党组织领导下的村民自治组织序列，使其运行程序、日常运转更加规范化与制度化。同时，鼓励推进各类有益社会组织在党的领导下，按照合理参与的方式介入乡村治理事务，不断提升乡村治理的协作效能。

第三，要不断加强乡村基层党组织的行动传带力。乡村基层党组织要切实发扬全过程民主，恪守以人民为中心的宗旨理念，用靠前实干地落实党的路线方针来增进党组织引领效应，尤其是党组织中的广大党员干部更要以身作则地做表率、争先进，不断提高乡村基层党组织的政治担当和行动影响力。[②]

（二）完善乡村治理机制，提高乡村治理效能

第一，在组织体系建设上，要加强基层党组织建设，建构有坚强领导核心的乡村治理组织体系。党建引领是社会治理现代化的鲜明特征，只有把基层党组织建设得坚强有力，不断提升基层党组织的政治领导力、

---

① 李三辉：《将党的建设贯穿乡村治理全过程》，《学习时报》2021 年 9 月 10 日。
② 李三辉：《将党的建设贯穿乡村治理全过程》，《学习时报》2021 年 9 月 10 日。

思想引领力与组织号召力，才能保障乡村治理在党建引领下走向现代化，实现治理有效。要不断完善党组织领导下的村民自治制度，加强自治组织规范化建设。村民委员会和村务监督委员会要以扩大和保障农民权利为核心，推进服务理念和监督方式的转变，实施村级事务阳光工程、拓展协商议事形式，提升基层治理的制度化、规范化、程序化。同时，要支持集体经济组织、农民合作组织、新型社会组织等民间力量参与乡村经济社会事务治理，不断提升乡村社会组织协作治理效能。

第二，在完善公共服务机制上，要建立以民生改善为导向的公共服务体系，解决乡村治理现代化中城乡公共服务发展不平衡不充分问题，加大乡镇基本公共服务投入，加快实现城乡基础设施和基本公共服务一体化。不断拓宽公共服务覆盖面，着力推进教育、医疗、养老、文化等社会事业发展，提高农村社会保障水平，提升居民的幸福感获得感。大力推进农村社区综合服务设施建设，引导管理服务向农村基层延伸，为农民提供"一门式办理""一站式服务"，构建线上线下相结合的乡村便民服务体系。

第三，在强化秩序保障机制上，要加快完善农村法律法规体系以保证乡村治理有法可依，加强乡村公共法律服务平台建设和法律顾问工作，健全乡村居民调解员队伍，构筑矛盾纠纷化解、公共安全、综治维稳、突发应急等工作机制。同时，推进村规民约的制度化运作，积极发挥村规民约这一软性法律的治理作用，形成多层次治理规则以提高乡村治理法治化水平，优化保障乡村发展环境。

（三）建构"一核多元"主体治理格局，提升乡村治理能力现代化

治理主体多元化是乡村治理现代化的重要指标，现代乡村治理应是包括政府、市场与社会组织在内的多元主体的合作共治，具体包括基层

党委政府、村党组织、村民自治组织、村民、各类社会组织和公益组织等社会力量。加强乡村治理能力建设，首先就是要不断提升乡村治理主体能力，增进多元主体协同共治。第一，基层党组织要担当乡村治理现代化的政治责任和领导角色，以强化制度权威、提升组织力为核心增强基层党组织凝聚力，将党的政治优势转化为治理能力。第二，基层政府要加强公共服务职能，以精准政府权力边界推动乡政现代化转型，让乡镇职能变革在服务乡村治理发展中展现效能。第三，要培育锻造新型农民主体，以深化自治实践打造多层次基层协商格局，通过建设政务公开、权力清单制度，拓展村民参与公共事务的渠道，提高村民参与乡村治理的能力。第四，要培育新型乡村社会组织，不断激活妇联、团支部、残协等公益性、互助性、服务性社会组织的积极性，以政府、市场、社会的关系理顺集聚社会共治力量，弥补市场化条件下政府在公共服务供给上的欠缺，推动乡村各种自治力量积极参与乡村治理。与各治理主体发挥各自治理优势同等重要的是，主体间需在乡村治理现代化目标导向下凝聚乡村治理共识，在公共事务、社会秩序、文化建设、生态环境等层面形成主体间共治，健全多主体参与乡村事务治理的工作机制，不断提升乡村事务管理的科学化、民主化程度。

（四）优化乡村治理方式，构建乡村治理现代化的运行体系

推进新形势下的乡村治理工作，需要首先从优化治理机制上着力，不断健全党组织领导下的乡村治理运行体系，推动社会治理方式变革，切实扩大各类社会治理力量参与社会事务管理的覆盖面和纵深度，构建自治法治德治数治"四治融合"的乡村治理体系。第一，要以更新治理理念为先导，着重从制度建设层面来厘清理顺乡村治理的机制和体系设置，提升治理的科学民主度与协同化。第二，要侧重乡村治理的过程管

理与效果，将自治、法治、德治等治理思想融合于治理实践以求取得最佳治理效果，吸纳各种治理和监督保障力量来搭建治理方式创新融通的共治平台。以深化自治实践稳固乡村基层民主政治制度和维系乡村自治历史传统，实现自我治理和自主治理的本质追求；以法治夯实乡村治理体系的底线保障，优化乡村治理的制度环境，维系乡村社会基本秩序；以德治思想融入自治制度设计和法治乡村建设，强化乡村文化治理功能发挥，夯实乡村善治的思想基础。第三，要夯实乡村治理的科技支撑，着力发挥"数治"在推进乡村治理体系和治理能力现代化中的支撑作用，不断提高乡村公共服务水平以及乡村治理效能，让乡村治理走向智能化、精细化与便捷化。

参考文献

一 著作类

[1] 费孝通：《乡土中国》，人民出版社，2008。

[2] 费孝通：《江村经济》，商务印书馆，2001。

[3] 费孝通、吴晗：《皇权与绅权》，华东师范大学出版社，2015。

[4] 秦晖：《传统十论——本土社会的制度文化与其变革》，复旦大学出版社，2003。

[5] 俞可平：《论国家治理现代化》，社会科学文献出版社，2015。

[6] 徐勇：《中国农村村民自治》，华中师范大学出版社，1997。

[7] 徐勇：《乡村治理的中国根基与变迁》，中国社会科学出版社，2018。

[8] 徐勇：《乡村治理与中国政治》，中国社会科学出版社，2013。

[9] 徐勇、项继权：《中国农村村级治理——22 个村的调查与比较》，华中师范大学出版社，2001。

[10] 贺雪峰：《乡村治理的社会基础：转型期乡村社会性质研究》，中国社会科学出版社，2003。

［11］贺雪峰：《新乡土中国》，北京大学出版社，2013。

［12］贺雪峰：《村治的逻辑：农民行动单位的视角》，中国社会科学出版社，2009。

［13］贺雪峰：《乡村的视角：乡村振兴与共同富裕若干问题解读》，大有书局，2024。

［14］黄宗智：《长江三角洲小农家庭与乡村发展》，中华书局，2006。

［15］陆学艺：《当代中国社会阶层研究报告》，社会科学文献出版社，2002。

［16］陆学艺：《三农新论——当前中国农业、农村、农民问题研究》，社会科学文献出版社，2005。

［17］李培林：《另一只看不见的手——社会结构转型》，社会科学文献出版社，2016。

［18］李培林：《社会学与中国社会巨变》，社会科学文献出版社，2020。

［19］吴理财：《中华人民共和国农村治理70年》，湖北教育出版社，2020。

［20］张英洪：《善治乡村：乡村治理现代化研究》，中国农业出版社，2019。

［21］邱春林：《新时代中国特色乡村治理体系现代化研究》，人民出版社，2023。

［22］周庆智：《乡村治理：制度建设与社会变迁——基于西部H市的实证研究》，中国社会科学出版社，2019。

［23］彭勃：《乡村治理：国家介入与体制选择》，中国社会出版社，2002。

［24］于建嵘：《岳村政治——转型期中国乡村政治结构的变迁》，

商务印书馆，2005。

［25］孙立平：《转型与断裂：改革以来中国社会结构的变迁》，清华大学出版社，2004。

［26］王春光：《晋江经验——中国式现代化道路的县域探索》，福建人民出版社，2022。

［27］杨华：《县乡中国：县域治理现代化》，中国人民大学出版社，2022。

［28］阎海军：《崖边报告：乡土中国的裂变记录》，北京大学出版社，2015。

［29］周红云：《社会治理》，中央编译出版社，2015。

［30］仝志辉：《选举事件与村庄政治》，中国社会科学出版社，2004。

［31］张康之：《社会治理的历史叙事》，北京大学出版社，2006。

［32］王习明：《城乡统筹进程中的乡村治理变革研究》，人民出版社，2012。

［33］吕德文：《有为而治：节俭、高效与乡村治理现代化》，东方出版社，2023。

［34］王微：《新时代乡村治理体系构建研究》，中国社会科学出版社，2023。

［35］邱贵明：《乡村治理模式研究》，中国社会科学出版社，2023。

［36］王少伯：《新时代乡村治理现代化研究》，知识产权出版社，2021。

［37］王道坤：《村民自治的多视角研究》，四川大学出版社，2007。

［38］丁元竹：《社会治理现代化的探索》，国家行政学院出版社，2016。

〔39〕〔英〕安东尼·吉登斯：《社会理论与现代社会学》，文军、赵勇译，社会科学文献出版社，2003。

〔40〕〔英〕雷蒙·威廉斯：《乡村与城市》，韩子满、刘戈、徐珊珊译，商务印书馆，2013。

二 期刊类

〔1〕习近平：《高举中国特色社会主义伟大旗帜 为全面建设社会主义现代化国家而团结奋斗——在中国共产党第二十次全国代表大会上的报告》，《求是》2022年第21期。

〔2〕《中共中央办公厅 国务院办公厅印发〈关于加强和改进乡村治理的指导意见〉》，《农村工作通讯》2019年第14期。

〔3〕《中共中央 国务院关于建立健全城乡融合发展体制机制和政策体系的意见》，《农村工作通讯》2019年第10期。

〔4〕王浦劬：《国家治理、政府治理和社会治理的基本含义及其相互关系辨析》，《社会学评论》2014年第3期。

〔5〕徐勇：《县政、乡派、村治：乡村治理的结构性转换》，《江苏社会科学》2002年第2期。

〔6〕徐勇：《"政党下乡"：现代国家对乡土的整合》，《学术月刊》2007年第8期。

〔7〕徐勇：《村民自治的成长：行政放权与社会发育——1990年代后期以来中国村民自治发展进程的反思》，《华中师范大学学报》（人文社会科学版）2005年第2期。

〔8〕徐勇、赵德健：《找回自治：对村民自治有效实现形式的探索》，《华中师范大学学报》（人文社会科学版）2014年第4期。

［9］贺雪峰：《村级治理现代化与治理有效》，《武汉大学学报》（哲学社会科学版）2023 年第 6 期。

［10］贺雪峰：《乡村治理中的公共性与基层治理有效》，《武汉大学学报》（哲学社会科学版）2023 年第 1 期。

［11］贺雪峰、王文杰：《乡村振兴的战略本质与实践误区》，《东南学术》2022 年第 3 期。

［12］贺雪峰：《资源下乡与基层治理悬浮》，《中南民族大学学报》（人文社会科学版）2022 年第 7 期。

［13］贺雪峰：《当前村民自治研究中需要澄清的若干问题》，《中国农村观察》2000 年第 2 期。

［14］贺雪峰：《乡村治理研究与村庄治理研究》，《地方财政研究》2007 年第 3 期。

［15］贺雪峰：《论乡村治理内卷化——以河南省 K 镇调查为例》，《开放时代》2011 年第 2 期。

［16］贺雪峰：《乡村治理的制度选择》，《武汉大学学报》（人文科学版）2016 年第 2 期。

［17］贺雪峰：《农民行动逻辑与乡村治理的区域差异》，《开放时代》2007 年第 1 期。

［18］贺雪峰：《中国农村社会转型及其困境》，《东岳论丛》2006 年第 2 期。

［19］王春光：《乡村非就业收入与中国式乡村现代化的未来可能图景》，《学术月刊》2022 年第 12 期。

［20］王春光：《乡村振兴背景下农村"民主"与"有效"治理的匹配问题》，《社会学评论》2020 年第 6 期。

［21］王春光：《迈向多元自主的乡村治理——社会结构转变带来的村治新问题及其化解》，《人民论坛》2015 年第 14 期。

［22］王春光：《乡村建设与多元共享利益共同体的建构》，《人民论坛·学术前沿》2022 年第 15 期。

［23］王春光：《新社会转型视角对乡村振兴的解读》，《学海》2021 年第 5 期。

［24］王春光：《中国社会发展中的社会文化主体性——以 40 年农村发展和减贫为例》，《中国社会科学》2019 年第 11 期。

［25］王春光：《关于乡村振兴中农民主体性问题的思考》，《社会发展研究》2018 年第 1 期。

［26］吴理财：《中国农村治理变迁及其逻辑：1949～2019》，《湖北民族学院学报》（哲学社会科学版）2019 年第 3 期。

［27］吴理财、解胜利：《文化治理视角下的乡村文化振兴：价值耦合与体系建构》，《华中农业大学学报》（社会科学版）2019 年第 1 期。

［28］吴理财：《近一百年来现代化进程中的中国乡村——兼论乡村振兴战略中的"乡村"》，《中国农业大学学报》（社会科学版）2018 年第 3 期。

［29］吴理财：《村民自治与国家政权建设》，《学习与探索》2002 年第 1 期。

［30］邓大才：《走向善治之路：自治、法治与德治的选择与组合——以乡村治理体系为研究对象》，《社会科学研究》2018 年第 4 期。

［31］邓大才、卢丛丛：《乡村治理共同体的实践逻辑与基层政权转型》，《求实》2023 年第 2 期。

［32］邓大才：《中国非正式治理的兴起：村民理（议）事会的政治

起源》，《东南学术》2022 年第 4 期。

[33] 邓大才：《"四位一体"构建有效的基层治理体系》，《国家治理》2021 年第 37 期。

[34] 邓大才：《乡村建设行动中的农民参与：从阶梯到框架》，《探索》2021 年第 4 期。

[35] 邓大才：《治理的类型：从"良序"到"善治"——以乡村社会为研究对象》，《社会科学战线》2018 年第 9 期。

[36] 邓大才：《中国乡村治理研究的传统及新的尝试》，《学习与探索》2012 年第 1 期。

[37] 陆益龙、李光达：《中国式乡村治理现代化的本质要求与路径选择》，《江苏社会科学》2023 年第 2 期。

[38] 陆益龙、孟根达来：《新时代乡村治理转型的内在机制与创新方向》，《教学与研究》2021 年第 8 期。

[39] 陆益龙、董惊乔：《乡村振兴的现实考量与理性思考》，《学术研究》2022 年第 8 期。

[40] 陆益龙：《百年中国农村发展的社会学回眸》，《中国社会科学》2021 年第 7 期。

[41] 陆益龙：《乡村振兴背景下乡村发展的路径选择》，《北京大学学报》（哲学社会科学版）2021 年第 4 期。

[42] 陆益龙：《乡村民间纠纷的异化及其治理路径》，《中国社会科学》2019 年第 10 期。

[43] 陆益龙：《后乡土性：理解乡村社会变迁的一个理论框架》，《人文杂志》2016 年第 11 期。

[44] 陆益龙：《乡村社会治理创新：现实基础、主要问题与实现路

径》，《中共中央党校学报》2015 年第 5 期。

[45] 陆益龙：《后乡土中国的基本问题及其出路》，《社会科学研究》2015 年第 1 期。

[46] 刘少杰：《中国市场交易秩序的社会基础——兼评中国社会是陌生社会还是熟悉社会》，《社会学评论》2014 年第 2 期。

[47] 刘少杰：《陌生关系熟悉化——优化市场交易秩序的本土化选择》，《福建论坛》（人文社会科学版）2014 年第 4 期。

[48] 刘少杰：《重新认识文化研究在中国社会学中的地位——兼论孙本文对文化社会学研究的贡献与局限》，《社会科学研究》2012 年第 5 期。

[49] 郭星华、李飞：《全息：传统纠纷解决机制的现代启示》，《江苏社会科学》2014 年第 4 期。

[50] 狄金华、钟涨宝：《从主体到规则的转向——中国传统农村的基层治理研究》，《社会学研究》2014 年第 5 期。

[51] 吕德文：《迈向城乡共治的乡村治理新格局——基于 P 县的田野发现》，《广西师范大学学报》（哲学社会科学版）2021 年第 6 期。

[52] 吕德文：《乡村治理空间再造及其有效性——基于 W 镇乡村治理实践的分析》，《中国农村观察》2018 年第 5 期。

[53] 王向阳、吕德文：《"人情式微"：近年来中国农村社会关系变迁研究——基于劳动力市场化视角的过程—机制分析》，《学习与实践》2022 年第 4 期。

[54] 吕德文：《乡村治理 70 年：国家治理现代化的视角》，《南京农业大学学报》（社会科学版）2019 年第 4 期。

[55] 党国英：《我国乡村治理改革回顾与展望》，《社会科学战线》2008 年第 12 期。

［56］汪义力、陈文胜：《新时代乡村善治之路生成的四重维度》，《理论导刊》2023 年第 3 期。

［57］陈文胜、李珺：《论新时代乡村文化兴盛之路》，《江淮论坛》2021 年第 4 期。

［58］汪义力、陈文胜：《中国共产党破解"三农"问题的基本经验》，《江西社会科学》2023 年第 1 期。

［59］李国江：《乡村文化当前态势、存在问题及振兴对策》，《东北农业大学学报》（社会科学版）2019 年第 1 期。

［60］邵晨：《乡村振兴不可忽视乡村文化力量》，《人民论坛》2018 年第 26 期。

［61］欧阳雪梅：《振兴乡村文化面临的挑战及实践路径》，《毛泽东邓小平理论研究》2018 年第 5 期。

［62］周芳名：《乡村振兴的几个关键点》，《人民论坛》2018 年第 12 期。

［63］卢海燕：《论发展和完善地方治理体系——浙江省德清县"三治一体"的经验及其改进路径》，《中国行政管理》2017 年第 5 期。

［64］邓建华：《构建自治法治德治"三治合一"的乡村治理体系》，《天津行政学院学报》2018 年第 6 期。

［65］杨东：《中国基层社会治理与参与主体的近代嬗变》，《吉首大学学报》2014 年第 6 期。

［66］卢福营：《经济能人治村：中国乡村政治的新模式》，《学术月刊》2011 年第 10 期。

［67］吴重庆：《无主体熟人社会》，《开放时代》2002 年第 1 期。

［68］冷向明、范田超：《流动中的乡村：社会基础变迁与有效治理

实现》，《求实》2016 年第 1 期。

［69］沈费伟、刘祖云：《发达国家乡村治理的典型模式与经验借鉴》，《农业经济问题》2016 年第 9 期。

［70］桂华：《面对社会重组的乡村治理现代化》，《政治学研究》2018 年第 5 期。

［71］伍春杰、郭学德：《乡村治理现代化的现实问题与化解路径》，《领导科学》2019 年第 8 期。

［72］赵一夫、王丽红：《新中国成立 70 年来我国乡村治理发展的路径与趋向》，《农业经济问题》2019 年第 12 期。

［73］戴玉琴：《基于乡村治理现代化的三维权力运行体系分析》，《教学与研究》2015 年第 9 期。

［74］陈健：《新时代乡村振兴战略视域下现代化乡村治理新体系研究》，《宁夏社会科学》2018 年第 6 期。

［75］刘金海：《中国农村治理 70 年：两大目标与逻辑演进》，《华中师范大学学报》（人文社会科学版）2019 年第 6 期。

［76］张晓山：《农村基层治理结构：现状、问题与展望》，《求索》2016 年第 7 期。

［77］李增元：《我国农村基层治理的现代转型》，《人文杂志》2014 年第 8 期。

［78］徐猛：《社会治理现代化的科学内涵、价值取向及实现路径》，《学术探索》2014 年第 5 期。

［79］姜晓萍：《国家治理现代化进程中的社会治理体制创新》，《中国行政管理》2014 年第 2 期。

［80］陈东辉：《基层党建引领社会治理创新的探索与路径》，《理论

与改革》2019 年第 3 期。

[81] 刘亚玲：《乡村振兴视角下乡村治理问题研究》，《新西部》2018 年第 12 期。

[82] 刘祖云、孔德斌：《乡村软治理：一个新的学术命题》，《华中师范大学学报》（人文社会科学版）2013 年第 5 期。

[83] 肖立辉：《乡村治理现代化的由来与出路》，《观察与思考》2015 年第 2 期。

[84] 黄意武：《以基层党建工作创新引领城乡社区协商发展》，《中州学刊》2018 年第 9 期。

[85] 郑晓华、沈旗峰：《德治、法治与自治：基于社会建设的地方治理创新》，《马克思主义与现实》2015 年第 4 期。

[86] 魏后凯、刘长全：《中国农村改革的基本脉络、经验与展望》，《中国农村经济》2019 年第 2 期。

[87] 郑琼：《基层治理数字化转型的应然逻辑、现实困境及优化路径》，《中州学刊》2023 年第 9 期。

[88] 吴新星：《数字技术赋能城市基层治理的行动障碍与突破策略——基于 S 市 G 区 F 街道数字治理创新实践的参与式观察》，《河南社会科学》2022 年第 6 期。

[89] 殷铬：《乡村治理现代化相关理论问题辨析》，《南方农业》2021 年第 24 期。

[90] 殷铬：《自治、法治、德治的关系及整体效应》，《中共郑州市委党校学报》2022 年第 1 期。

[91] 钟葳、梁丽芝、张运：《数字乡村治理的实施路径：基于技术—制度—文化的分析框架》，《湘潭大学学报》（哲学社会科学版）

2024 年第 1 期。

　　［92］王晓莉：《新时期我国乡村治理机制创新——基于 20 个典型案例的比较分析》，《科学社会主义》2019 年第 6 期。

　　［93］岳奎、张鹏启：《新时代党建引领农村基层治理路径探析》，《行政论坛》2022 年第 3 期。

　　［94］刘刚：《新时代提高农村基层党组织建设质量的创新性探索——以河南省"逐村观摩、整乡推进"为例》，《学习论坛》2020 年第 1 期。

　　［95］刘刚：《论基层党组织建设质量的影响因素与提升路径》，《岭南学刊》2021 年第 4 期。

　　［96］赵晓峰、褚庆宜：《数字平台赋能乡村治理的脱嵌形态及其重塑机制》，《甘肃社会科学》2024 年第 1 期。

　　［97］范和生、郭阳：《新发展格局下乡村振兴机制创新探析》，《中国特色社会主义研究》2021 年第 2 期。

　　［98］范和生、刘凯强：《德法共治：基层社会善治的实践创新》，《浙江学刊》2018 年第 6 期。

　　［99］范和生、李三辉：《论乡村基层社会治理的主要问题》，《广西社会科学》2015 年第 1 期。

　　［100］潘艳艳：《构建基层智慧治理体系的路径探讨》，《三晋基层治理》2023 年第 3 期。

　　［101］杜丙辰：《健全党组织领导的乡村治理体系研究——以河南省为例》，《农村农业农民》（B 版）2024 年第 2 期。

　　［102］李琳：《乡村数字化治理的难点与化解——基于有效治理视角》，《农业经济》2024 年第 2 期。

　　［103］李志星、汪来杰：《价值、制度、主体：乡村治理现代化的

三重维度》，《中共云南省委党校学报》2024年第1期。

三　报纸类

［1］习近平：《决胜全面建成小康社会　夺取新时代中国特色社会主义伟大胜利——在中国共产党第十九次全国代表大会上的报告》，《人民日报》2017年10月18日。

［2］《中共中央关于制定国民经济和社会发展第十四个五年规划和2035年远景目标的建议》，《人民日报》2020年11月4日。

［3］《中共中央　国务院关于实施乡村振兴战略的意见》，《人民日报》2018年2月5日。

［4］《中华人民共和国国民经济和社会发展第十四个五年规划和2035年远景目标纲要》，《人民日报》2021年3月13日。

［5］《中共中央　国务院关于坚持农业农村优先发展做好"三农"工作的若干意见》，《人民日报》2019年2月20日。

［6］《中共中央　国务院关于加强基层治理体系和治理能力现代化建设的意见》，《人民日报》2021年7月12日。

［7］《中共中央　国务院关于全面推进乡村振兴加快农业农村现代化的意见》，《人民日报》2021年2月22日。

［8］《中共中央　国务院关于加强和完善城乡社区治理的意见》，《中国社会报》2017年6月13日。

［9］《中共河南省委　河南省人民政府关于全面推进乡村振兴加快农业农村现代化的实施意见》，《河南日报》2021年4月23日。

［10］俞可平：《国家治理现代化的若干问题》，《福建日报》2014年6月8日。

［11］沈大友、董敬畏：《发挥好村规民约在乡村治理中的作用》，《学习时报》2018 年 1 月 2 日。

［12］王孝成：《健全"三治结合"乡村治理体系》，《学习时报》2018 年 1 月 17 日。

［13］刘坤：《我国城乡融合发展进入新阶段》，《光明日报》2019 年 5 月 30 日。

［14］李友梅：《坚持党的全面领导不动摇》，《人民日报》2021 年 12 月 2 日。

［15］魏礼群：《坚定不移推进社会治理现代化》，《光明日报》2019 年 9 月 9 日。

［16］蔡辉明：《警惕社会管理中的"内卷化"现象》，《学习时报》2011 年 8 月 22 日。

［17］李强：《研究总结我们党加强基层治理的探索与经验》，《人民日报》2023 年 12 月 11 日。

［18］王丹：《党建引领 提升乡村治理效能》，《人民日报》2023 年 11 月 22 日。

［19］颜珂、王锦涛、游仪：《创新乡村治理体系，走乡村善治之路》，《人民日报》2022 年 10 月 11 日。

四 学位论文类

［1］刘心蕊：《新时代乡村治理体系现代化研究》，博士学位论文，吉林大学，2023。

［2］朱荣康：《新时代基层党组织领导乡村治理机制完善研究》，博士学位论文，兰州大学，2023。

［3］周云冉：《改革开放以来河南省乡村治理模式研究》，博士学位论文，吉林大学，2023。

［4］李明：《新时代"三治结合"乡村治理体系研究》博士学位论文，吉林大学，2022。

［5］毛一敬：《基层治理现代化背景下的乡村治理共同体研究》，博士学位论文，华中科技大学，2022。

［6］宁鑫：《乡村治理现代化中的农民主体性研究》，博士学位论文，福建师范大学，2021。

［7］郭斌慧：《乡村治理现代化进程中农村基层党组织治理能力研究》，博士学位论文，福建师范大学，2021。

［8］王滢涛：《中国特色乡村治理体系现代化研究》，博士学位论文，华东理工大学，2021。

［9］张春照：《重塑乡政村治：新时代我国乡村治理现代化研究》，博士学位论文，吉林大学，2019。

［10］郑建炯：《乡村微治理创新模式与完善推广理路》，博士学位论文，中南财经政法大学，2020。

［11］易柳：《"三治融合"乡村治理体系的形成、运行及完善研究》，博士学位论文，华中师范大学，2020。

［12］阳斌：《新时代中国共产党乡村治理研究》，博士学位论文，西南交通大学，2019。

［13］刘洪彬：《国家治理体系现代化研究》，博士学位论文，武汉大学，2017。

［14］马欣荣：《中国近现代乡村治理结构研究》，博士学位论文，西北农林科技大学，2013。

[15] 朱余斌：《建国以来乡村治理体制的演变与发展研究》，博士学位论文，上海社会科学院，2017。

[16] 张月春：《中国乡村治理机制问题研究》，博士学位论文，辽宁师范大学，2016。

[17] 张健：《中国社会历史变迁中的乡村治理研究》，博士学位论文，西北农林科技大学，2008。

[18] 何沛东：《现代国家构建视野下乡村治理模式的变迁与重构》，博士学位论文，苏州大学，2009。

[19] 王长安：《转型期中国乡村治理研究》，博士学位论文，吉林大学，2007。

[20] 何珊颉：《嵌入与内生：新时代乡村治理的逻辑理路与路径构建研究》，硕士学位论文，吉林大学，2023。

[21] 李招荣：《新时代乡村治理现代化研究》，硕士学位论文，延安大学，2023。

[22] 潘相男：《国家治理体系现代化背景下乡村基层组织建设研究》，硕士学位论文，陕西科技大学，2023。

[23] 苏艳红：《国家治理体系现代化背景下农村基层治理研究》，硕士学位论文，河北师范大学，2021。

[24] 廉子玉：《中国乡村数字治理发展路径研究》，硕士学位论文，吉林大学，2023。

[25] 赖泽晴：《乡村振兴战略下乡村治理现代化研究》，硕士学位论文，西北农林科技大学，2022。

[26] 王鹏辉：《制度逻辑理论视角下乡村文化治理的运行逻辑与优化路径》，硕士学位论文，山东大学，2023。

后　记

　　行文至此，本书的撰写工作也进入了尾声。回顾这些年的研究方向或关注领域，"乡村治理"算是我比较感兴趣且投入较多的重点主题。事实上，在安徽大学攻读硕士学位期间，我受生活经历和导师范和生教授的影响，就早早地将研究方向确定为了农村社会学。2015年底，我通过公开招考来到了河南省社会科学院社会发展研究所参加工作，自己的研究兴趣和方向虽然有所拓宽，但依然主要聚焦乡村治理领域。一方面，河南作为农业大省和人口大省，拥有广阔的农村地区和庞大的农民群体，乡村治理在现代化河南建设中占据重要地位、具有重大意义；另一方面，在乡村振兴战略和国家治理现代化的大背景下，当前的乡村社会建设、乡村治理发展面临着一系列新的时代任务，拥有许多值得关注且亟须回答的研究课题。沿循着时代脉搏，我也不断思考社会转型发展下的乡村治理问题，关注乡村治理体系建设、乡村治理模式变迁、乡村治理结构变动、乡村文化衰落等问题，并在《中州学刊》《求实》《学习时报》《社会科学报》等报刊发表了一系列理论文章。同时，也主持过乡村治理和乡村建设等方面的多个课题，撰写了多个研究性报告。这些研究成果也成为本书撰写的前期基础。

整体上看，本书聚焦现代化进程中的河南乡村治理问题，系统回顾了近代以来特别是新中国成立以来河南乡村治理的实践发展，分析了新时代河南乡村治理面临的新形势、新任务，总结了河南在强化基层党组织建设、健全乡村治理体系、规范基层权力运行、推进乡村文化振兴、拓宽社会力量参与渠道等方面的实践做法、发展形势，探寻了新形势下河南推进乡村社会建设与乡村治理的路径方向。具体到本书的框架结构，全书共分为八章，既概述了现代化进程中河南乡村治理的历史演变、背景意义、实践经验，又从治理机制变革、运行过程优化、质效功能改善三个核心维度，围绕党的领导、"四治融合"治理体系、"阳光权力"运行、乡村文化振兴、多元共治等内容进行了具体论述，展示了河南乡村治理的实践探索与发展态势。也借助于此，我算是对自己近年来所持续关注的乡村治理问题做了一个初步的思考总结和研究整理。

在这里，要感谢河南省社会科学院人口与社会发展研究所陈东辉所长、殷辂研究员，正是在他们的关心、指导与鼓励下，让我在科研道路上获得不断成长。同时，在书稿的框架设计和撰写过程中，得到了刘刚老师慷慨的经验分享，在此表示感谢。此外，还要感谢同事们对我的帮助与支持，让我经常能感受到社会所的温情，营造了一个轻松和美的工作氛围。

值得一提的是，家庭一直以来都是我开展学习、工作和生活的坚强后盾。感谢父母对我学习和工作的无条件支持，特别是母亲近年来一直帮我们照看两个孩子，任劳任怨、无私奉献，为我们小家能够正常开展工作与生活解除了后顾之忧。妻子曹梦，温柔体贴、勤奋顾家，尽管平时工作十分繁忙，几乎无固定休息日，仍透支精力全力关爱孩子、照护父母、操劳家务，并尽可能地给我在家中营造相对独立安静的工作环境，不间断地督促我学习工作，但她对自己却精打细算到近乎苛刻，让我心中时感亏欠。遇到相知的曹梦是我最大的幸运，唯有更加努力，认真生活。女儿沐择、知择，是我们亲爱的宝贝，打打闹闹、跑跑跳跳，给我们家带来了无限的欢乐和希望。

由于水平有限，整个书稿的结构布局与行文逻辑还存在一些可以加以改进的地方，书中也难免存有差错和不妥之处，恳请读者批评指正。

李三辉

2024 年 1 月 3 日于郑州

图书在版编目（CIP）数据

现代化进程中的河南乡村治理研究／李三辉著.
北京：社会科学文献出版社，2024.9. -- （中原智库丛书）. -- ISBN 978-7-5228-4189-2

Ⅰ. D638

中国国家版本馆 CIP 数据核字第 2024U80R34 号

中原智库丛书·青年系列
现代化进程中的河南乡村治理研究

著　　者／李三辉

出 版 人／冀祥德
组稿编辑／任文武
责任编辑／刘如东
责任印制／王京美

出　　版／社会科学文献出版社·生态文明分社(010)59367143
　　　　　地址：北京市北三环中路甲 29 号院华龙大厦　邮编：100029
　　　　　网址：www.ssap.com.cn
发　　行／社会科学文献出版社（010）59367028
印　　装／三河市龙林印务有限公司

规　　格／开　本：787mm×1092mm　1/16
　　　　　印　张：16　字　数：196 千字
版　　次／2024 年 9 月第 1 版　2024 年 9 月第 1 次印刷
书　　号／ISBN 978-7-5228-4189-2
定　　价／88.00 元

读者服务电话：4008918866